LLENGUA 3

Tercer trimestre

Josep Cañada
Maria Costa
Teresa Vicedo

PRIMÀRIA

ANAYA

APRENDRE ÉS CRÉIXER

Índex

-et
-ot

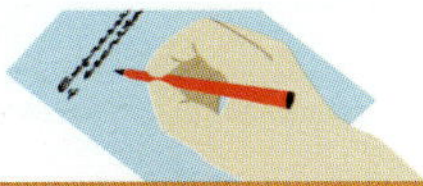

11 L'assaig

42

Prepare la lectura

Has representat mai una obra de teatre? Has hagut d'assajar moltes vegades, veritat? Un grup de xiquets i xiquetes està preparant un musical. Però no és fàcil que tot isca bé a la primera: entropessades, remullades...

(L'escena està fosca. Sona una música molt moguda i l'espai s'il·lumina a poc a poc. Enmig de l'escenari apareix MARIA FERRANDA*, que va vestida de flor.)*

MARIA FERRANDA (*Cantant.*):

Sóc una bonica flor,
alegre sempre el matí
a qui cerca en el jardí
els càlids rajos del sol.

(Apareix SUSI *amb una arruixadora i vestida de núvol.)*

SUSI (*Cantant.*):

Jo sóc un núvol plujós,
passege per l'ample cel,
m'agrada mantenir verd
aquest paratge formós.

cercar: buscar.

formós: bell.

(Carol entra a escena vestida d'abella.)

Carol (*Cantant.*):

Una abella groga sóc,
em menge el pol·len gustosa,
vaig volant de flor en flor
i l'escampe capritxosa.

(Finalment, apareix Txema vestit d'apicultor. Porta ulleres i aparell de dents.)

Txema (*Cantant.*):

Jo sóc Pau l'apicultor,
amigues són les abelles,
m'agraden les flors per belles
i de la mel la dolçor.

(Txema fa com si les banyara amb l'arruixadora, i Maria Ferranda, Susi i Carol corren per l'escenari.)

TOTS (*Cantant.*):

Formem part de la natura,
el núvol, la flor, l'abella.
Ens portem de meravella,
la nostra amistat perdura.

(Txema entropessa i tomba Carol, que tira l'aigua de l'arruixadora de Susi i aquesta perd l'equilibri i cau damunt de Maria Ferranda. Tots són per terra.)

Maria Ferranda: Ai, pareu! Açò és un desastre! Vinga, alceu-vos.

(S'alcen de terra.)

Txema: Jo no ho he vist malament.

Susi: Normal, tu no veus un bou a tres passes.

Maria Ferranda: Sempre entropesses.

Carol: Pobre Txema! No ho ha fet volent.

Maria Ferranda: Però sempre és ell.

Carol: Podríem tornar a començar...

Txema: I si assagem més? El ball és demà.

Adaptat de *Circus*. Eduard Costa. Ed. Bromera.

apicultor: persona que es dedica a la cria d'abelles.

Comprenc la lectura

Després d'escoltar o de llegir el text, posa't a prova!

PREGUNTES EXPRÉS

1 Què porta Susi, quan fa de núvol, a les mans?

a) Unes ulleres.
b) Una arruixadora.
c) Un núvol.

2 Què menja l'abella?

a) Pol·len.
b) Mel.
c) Flors.

3 Què significa la frase feta «no veure un bou a tres passes»?

a) Fugir quan s'acosta un bou.
b) Tindre dificultats de visió.
c) Passejar un bou.

4 Quan han de fer la representació?

a) L'endemà.
b) A la vesprada.
c) A la primavera.

Contesta oralment

1 De què tracta l'obra que representen?

2 És en prosa o en vers?

3 Penses que la tenen prou preparada per a estrenar-la?

Contesta per escrit

4 Relaciona cada nom amb el personatge que representa.

Maria Ferranda | apicultor | Txema | núvol | Susi | abella | Carol | flor

5 A qui alegra la flor?

6 Què li agrada fer al núvol?

7 Què li agrada a l'apicultor? Com es diu?

Reflexiona

8 Quan Txema entropessa, les seues companyes tenen actituds diferents.

- Quines el culpen?
- Qui el defensa?
- Com ho has sabut?

Relaciona amb el teu món

9 Quins contes, pel·lícules o obres de teatre coneixes que tracten el tema de la natura?

Treballa amb les paraules de la lectura: el teatre

Fer una representació teatral pot ser molt divertit. I descobrir tot el que s'amaga darrere del teló també: ara ho veuràs!

10 Relaciona cada part numerada del teatre amb la paraula i amb la definició corresponent.

platea – escenari – teló de fons – teló de boca – bambolina – bastidor – bateria de llums

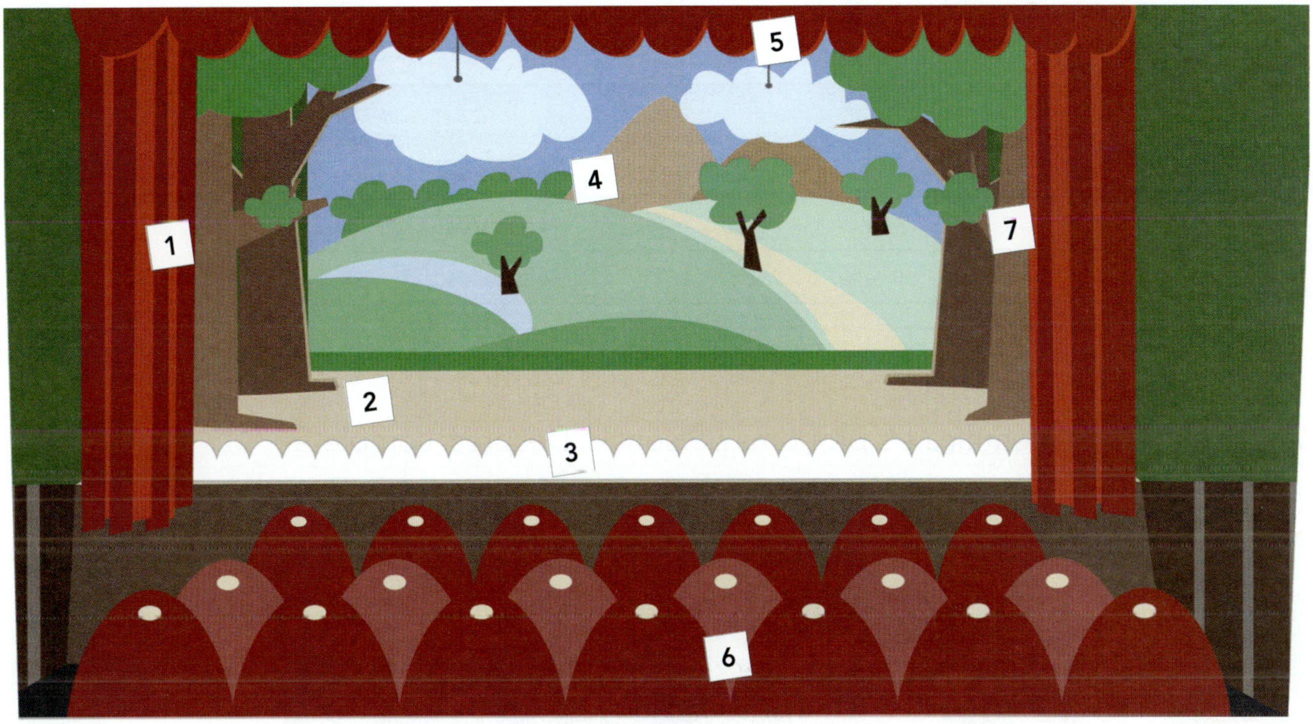

A Peça del decorat que penja de la part superior de l'escenari en paral·lel als telons (9 lletres).

B Línia de llums que es posa damunt de l'escenari (3 paraules)

C Planta baixa d'un teatre amb seients en fileres on es col·loquen els espectadors (6 lletres)

D Part de la decoració teatral que es posa a banda i banda de l'escenari (8 lletres).

E Teló que cobrix la boca de l'escenari i el separa de la sala (3 paraules).

F Teló que cobrix el fons de l'escenari (3 paraules).

G Part del teatre destinat a la representació (8 lletres).

Els pronoms personals

1 Relaciona les oracions que signifiquen el mateix

Susi coneix bé l'obra de teatre.

Txema i Carol haurien d'assajar més.

Maria Ferranda i tu representareu l'escena.

El mestre fa de director de l'obra.

Ells haurien d'assajar més.

Ella coneix bé l'obra de teatre.

Ell fa de director de l'obra.

Vosaltres representareu l'escena.

Els pronoms personals substituïxen els noms que es referixen a persones.

	Singular	Plural
1a persona	jo	nosaltres
2a persona	tu	vosaltres
3a persona	ell, ella	ells, elles

2 Llig el diàleg i identifica els pronoms personals. Després, completa les oracions.

- El pronom **jo** es referix a *Eva*.
- El pronom **ell** es referix a … .
- El pronom **tu** es referix a … .
- El pronom **vosaltres** es referix a … .
- El pronom **nosaltres** es referix a … .

3 Escriu cada oració substituint les paraules subratllades pel pronom personal adient.

jo – tu – ella – nosaltres – vosaltres – ells

- Els monitors de menjador han fet una festa.
- Sóc Anna. Pots obrir-me la porta?
- Hola! Ets Maria?
- Pere i tu sou els porters en aquest partit.
- Els meus amics i jo anirem demà d'excursió.
- Laura ha portat un pastís.

4 Completa cada oració amb el pronom personal corresponent.

- Joan, … també jugues als escacs?
- … tinc un tren elèctric.
- … hem fet un mural sobre Jaume I.
- … és el meu cosí Manel.
- … voleu participar en la competició?
- Han sigut … les dissenyadores del cartell.

Relacione amb la lectura

5 Localitza els pronoms personals d'aquest fragment de la lectura. Digues-ne la persona i el nombre.

TXEMA. Jo no ho he vist malament.

SUSI. Normal, tu no veus un bou a tres passes.

MARIA FERRANDA. Sempre entropesses.

CAROL. Pobre Txema! No ho ha fet volent.

MARIA FERRANDA. Però sempre és ell.

JUGUE AMB LA LLENGUA

1 Posa els pronoms personals al seu lloc i reescriu les oracions correctament.

- Nosaltres penses que ens ha eixit bé?
- Elles he memoritzat el meu diàleg.
- Tu han preparat els decorats.
- Jo hem dramatitzat el text de la lectura.

ORTOGRAFIA

La essa sorda

1 Llig les paraules i fixa't que les lletres destacades tenen el so de la essa de serp, el so de la essa sorda.

serp

mu**ss**ol

eri**ç**ó

cérvol

Per a representar el so de la **essa sorda** escrivim:

- **s** en qualsevol posició excepte entre vocals: *serp, mosca.*
- **ss** només entre vocals: *mussol.*
- **c** davant de **e** o de **i**: *cérvol, cigonya.*
- **ç** davant de **a**, **o**, **u** i a final de paraula: *eriçó.*

2 Copia la graella i classifica-hi aquestes paraules.

tassa – sopa – bracet – ansa – braç – càries
força – óssa – ceba – forçut – paciència – terrassa

Porten *s*	Porten *ss*	Porten *c*	Porten *ç*

3 Seguint les normes anteriors, completa les paraules com s'indica.

s o ss	pa…ti…et palla…o	go… dijou…	go…a ta…ó	…abate… pen…ar
c o ç	…igró cal…etí	feli… poli…ia	…iri for…ut	pla…a capa…

- Usa algunes paraules amb **ç** per a completar l'oració.
  - Quan vaig al forn de la … seria … de menjar-m'ho tot.

La essa sonora

ZZZZZZZZ

4 Llig aquestes paraules i fixa't que les lletres destacades tenen el so de la essa de rosa, el so de la essa sonora.

gasela	zebra	ximpanzé

Per a representar el so de la **essa sonora** escrivim:
- **s** sols entre vocals: *roser*.
- **z** a principi de paraula i darrere de consonant: *pinzell*.

5 Ompli els buits de les paraules amb z o s com correspon.
- U...ar les ti...ores sense cura pot ser una activitat perillo...a.
- M'he tacat el col...e amb la pintura del pin...ell.
- Per televi...ió han eixit unes ca...es precio...es.
- La meua co...ina s'ha punxat agafant móres d'un esbar...er.
- El brun...ir de les abelles destorbava la don...ella.

Relacione amb la lectura

6 Copia paraules de la lectura inicial que...
- Tenen el so de la essa sorda en la primera intervenció de Maria Ferranda.
- Tenen el so de la essa sonora en la primera intervenció de Carol.

TALLER DEL DICTAT

Abans del dictat

1 Llig el text atentament i fixa't en les lletres destacades.

Dissabte ens vam alçar molt prompte. Amb dos autobusos vam eixir en direcció a l'interior de la província d'Alacant, per a visitar-hi un parc zoològic. Hi havia tot tipus d'animals: lleons, zebres, una tigressa amb un cadell, rinoceronts, gaseles, estruços, ximpanzés i moltes classes d'aus.

43 Dictat

2 Escolta amb atenció el text.

3 Escriu el dictat en el quadern.

Després del dictat

4 Quines paraules del dictat tenen el so de essa sonora?

Paraules compostes

1 Relaciona les paraules i forma el nom del que representa cada imatge.

trenca	veu
alta	nous
obri	llavis
pinta	llandes

Una **paraula composta** està formada per dues paraules simples.

2 Forma paraules compostes.

aigua +	neu marina moll	
porta +	avions equipatge monedes	

3 Relaciona les paraules que has format amb les definicions corresponents.

– Pedra preciosa de gran valor.

– Mescla de pluja i neu.

– Terreny cobert d'aigua.

– Bosseta per a guardar diners.

– Part del vehicle on es posa l'equipatge.

– Vaixell que transporta avions.

4 Escriu la definició d'aquestes paraules i després, comprova-les amb les que apareixen en el diccionari.

torcamans – guardabosc – llavaplats – paraigua

Dramatització

1 Fixa't en el dibuix i completa el diàleg teatral.

XIQUET: …
MARE: No hi podem fer res.
XIQUET: …
MARE: Si veiem que l'embús continua, ja li telefonarem.
XIQUET: …
MARE: Si ens posem nerviosos encara se'ns farà més pesat.
XIQUET: …
MARE: Vols que et conte una història?
XIQUET: …

En la **dramatització** són molt importants l'**entonació**, els **gestos** i els **moviments** que es fan.

2 En parelles, representeu a classe el diàleg que heu completat.

TALLER D'EXPRESSIÓ

1 Partint d'aquestes situacions, en grups, improviseu dramatitzacions.

El text teatral

1 Llig el text i respon les qüestions.

(Un llenyater, RAMON, està fent llenya a la vora del riu i li cau la destral a l'aigua.)

RAMON: La destral! Ara no podré fer llenya i els meus fills passaran gana!

(Apareixen el SOL i el VENT.)

SOL: Què et passa? Has perdut la destral?

VENT: Per què no crides la reina de les aigües? Ella podrà ajudar-te.

RAMON: Reina de les aigües, ajudeu-me, per favor!

(Ix la REINA de les aigües.)

REINA (*Ensenyant-li una destral d'or.*): És aquesta la teua destral?

RAMON: No, la meua és de ferro i aquesta és d'or.

REINA (*Ensenyant-li la destral de ferro.*): I aquesta?

RAMON: Sí, aquesta és la meua!

REINA: Ramon, com que has dit la veritat, et regale la destral d'or.

(El llenyater, sorprés i content, dóna les gràcies a la REINA.)

RAMON: Gràcies, reina.

Traduït de *Quatre estacions*. José González Torices.

- Quins personatges apareixen?
- Quina qualitat de Ramon premia la Reina de les aigües?

☐ La intel·ligència ☐ La sinceritat ☐ La bondat ☐ El valor

El **text teatral** està escrit per a ser representat. Consta del **diàleg** entre els personatges (el nom dels quals apareix davant de cada intervenció) i de les **acotacions** (escrites en lletra cursiva, que indiquen com han d'actuar).

2 Quines acotacions hi ha en el text teatral anterior?

TALLER LITERARI

1 Repartiu-vos els papers del text teatral inicial i representeu-lo.

– Llegiu i assageu el text abans de representar-lo.

– Intenteu fer els moviments i els gestos adequats.

– Parleu amb claredat i fent l'entonació correcta.

Tasca

Programació cultural

Es pot informar de les activitats de la setmana cultural fent un programa. Apreneu a fer-ne un.

1 Llig el programa i respon les preguntes.

Escola l'Albereda

Setmana cultural - Del 13 al 17 de maig

Dilluns, 13

10:00
Exposició de dibuix.
Al corredor de 3r i 4t.
Per a tot l'alumnat.

13:00
Concert de flauta i veus, a càrrec de l'alumnat de 6é.
A la sala d'usos múltiples.
Per a 1r, 2n, 3r i 4t.

15:00
Contes i més contes, a càrrec de l'alumnat de 4t.
A la biblioteca.
Per a l'alumnat d'Infantil.

Divendres, 17

11:00
Competicions esportives.
A les pistes i al pati.
Per a tot l'alumnat.

12:00
Actuació d'un mag.
A la sala d'usos múltiples.
Per a 3r, 4t, 5é i 6é.

15:00
Hola, aneguet lleig, representació a càrrec de l'alumnat de 3r.
A la sala d'usos múltiples.
Per a 1r, 2n, 3r i 4t.

- Quina activitat està a càrrec de l'alumnat de 3r? A qui s'adreça?
- Quina activitat es realitza el dilluns a la una? On? Tu pots assistir-hi?
- Fes una llista de les activitats adreçades a l'alumnat de 3r.
- Per què s'organitzen totes aquestes activitats?

2 En grups, penseu quatre activitats que us agradaria realitzar i prepareu un programa per a un dia.

REPÀS DE LA UNITAT

RESUMISC

Copia i completa aquest resum en el quadern.

Gramàtica

- Els pronoms personals substituïxen els noms que es referixen a … . Són *jo, tu, …, …, …, vosaltres, ells* i … .

Ortografia

- El so de la essa sorda es pot representar amb *s*, …, *c* i … .
- El so de la essa sonora es pot representar amb *s* entre vocals, i amb … a principi de paraula i darrere de … .

Vocabulari

- Una paraula composta està formada per dues … simples.

Expressió oral i escrita

- En la dramatització són molt importants l'…, els gestos i els … que es fan.

Literatura

- El **text teatral** està escrit per a ser … . Consta del … entre els personatges (el nom dels quals apareix … de cada intervenció) i de les … (escrites en lletra cursiva, que indiquen com han d'actuar).

1 Localitza els pronoms d'aquest text i copia'ls en el quadern.

Raquel i jo hem pensat que podíem passar el diumenge que ve a la serra d'Espadà. Nosaltres prepararem unes truites per dinar. Joan, tu podries portar el pa i la fruita; i ells s'encarregaran dels esmorzars. Us sembla bé, a vosaltres?

2 Copia i completa amb c o ç.

dol…aina	en…isam	fa…ana
…ervell	…irc	pin…a
velo…itat	for…ut	feli…

3 Copia i completa amb s o ss.

…egell	carro…a	pi…arra
bo…a	enque…ta	…afata
metge…a	bo…c	palla…o…

4 Completa aquestes paraules amb les grafies que representen el so de essa sonora (s, z).

Tere…a	…ero	rabo…a
al…ina	on…e	co…es
bru…a	quin…e	sal…e

5 Forma paraules compostes amb aquestes simples.

para	cel
llava	dents
grata	llamps
passa	mà
furga	cames
cent	plats

6 Completa les oracions amb les paraules compostes que has format.

- Va caure un llamp al … de l'ajuntament.
- Puja i baixa les escales agafant el … .
- El … s'assembla al cuc de terra.
- He d'escurar, que s'ha avariat el … .
- Hem construït una caseta amb pals de gelat i … .
- Vam pujar al … més alt de la ciutat.

7 Per grups, representeu una escena sense paraules, només amb l'expressió de la cara i els gestos. Després de cada dramatització, la resta de la classe contarà què ha entés.

RACÓ LITERARI

44 **8** Llig aquest fragment de *T'he agafat, Caputxeta!* de Carles Cano. El llop diu a Caputxeta que ve poètica perquè li ha contestat fent un redolí. Quines paraules rimen?

LLOP (*Para l'orella i mira el rellotge, nerviós.*): Ja està ací... Que puntual...!

(*El* LLOP *s'amaga entre els arbres. Entra la* CAPUTXETA *cantant. El llop ix de sobte, simulant un encontre fortuït.*)

LLOP: Ah, hola, Caputxeta! Tu per ací?

CAPUTXETA: Jo per ací, tu per allà i en la mar brama el bacallà!

LLOP: Que poètica que véns hui... I, es pot saber on vas?

CAPUTXETA: Que pesat! A veure si t'ho aprens ja d'una vegada! Tots els dies la mateixa pregunta! On he d'anar? A casa de la iaia a portar-li unes cosetes!

AVANCE

9 Completa aquestes paraules amb s, ss, c, ç o z. Quines tenen el so de essa sonora?

pol…e	feli…
…ero	en…aïmada
…alat	caraba…a
llapi…	co…ir
an…ià	esmor…ar
ven…ut	re…ital
sorde…a	tre…or

45 **DICTAT:** Llig i escolta el text. Després, escriu-lo al dictat.

Rosa, la mestra, ens ha demanat que escrivim una escena teatral per a representar-la a classe. Marisa i jo hem fet un diàleg de quinze línies entre un rossinyol i una estàtua de bronze que volia moure's; a tots els ha agradat molt. Sergi i Miquel, que són molt peresosos, n'han escrit un amb només dues intervencions.

12 La tortuga de les Galápagos

46

Vista de l'illa Bartolomé, a l'arxipèlag de les Galápagos.

Prepare la lectura

Quan a partir del segle XVI els navegants dels països europeus es llançaren a explorar el món, arribaren a llocs desconeguts fins aleshores. En alguns d'aquests indrets descobriren animals curiosos, com l'ocell dodo de les illes Maurici, del qual no deixaren ni un exemplar viu, o la tortuga gegant de les illes Galápagos, les quals encara podem veure al seu hàbitat natural.

Hàbitat

La tortuga gegant de les Galápagos o simplement tortuga de les Galápagos és una espècie endèmica de les illes Galápagos (Equador), situades a l'oceà Pacífic. Es caracteritza per les enormes dimensions i pel pes que pot assolir. Aquesta tortuga gegant i la de les illes Seychelles són les més grans del món.

Característiques físiques

Alguns individus arriben a 300 kg de pes i fan quasi dos metres de longitud des del bec fins a la cua. Tenen una gran closca òssia que s'ha d'adaptar a la vegetació i a les característiques del terreny on viuen. Les potes són llargues i acabades en grans ungles, habitualment desgastades pels desplaçaments. El coll és també molt llarg.

Són els vertebrats que més temps viuen: la mitjana està sobre 100 anys, però alguns exemplars han fet més de150 anys de vida.

Alimentació

Aquestes tortugues són herbívores; s'alimenten normalment d'herbes, fruita, fulles i cactus. Però també mengen carronya quan tenen l'oportunitat, i fins i tot cadàvers d'altres exemplars de la mateixa espècie.

endèmic: propi i exclusiu d'una zona concreta.

ossi: fet d'os.

carronya: cos d'un animal mort que ja s'està podrint.

Població

La població de tortugues gegants abans que els espanyols colonitzaren aquell territori s'estima en uns 250.000 exemplars. Durant els segles XVII, XVIII i XIX, els navegants que arribaren a les illes mataren milers i milers de tortugues gegants. La població actual és d'uns 15.000 animals: és una espècie en perill d'extinció però s'han instaurat mecanismes per a protegir-la. Així i tot, alguns animals introduïts per l'home (com ara cabres, porcs, gossos o gats) se'n mengen els ous o les fonts d'alimentació.

Costums

Són animals extremadament lents; caminen a una velocitat d'uns 250 metres per hora. Alguns individus són sedentaris, mentre que a altres els sembla agradar la idea de desplaçar-se, de manera que exploren nous territoris. No obstant això tots es refugien en les hores més càlides del dia a l'ombra d'un arbre, entre arbustos o submergint-se en tolls d'aigua fangosa. Si es quedaren al sol l'excessiva temperatura a què arribaria el seu cos podria matar-los. Posar-se a remulla també resulta molt beneficiós a aquestes tortugues, ja que així es desprenen dels paràsits que viuen als plecs de la pell. Unes altres vegades, estiren el coll i les extremitats i adopten una postura que invita els ocells a acostar-se i alimentar-se d'aquests paràsits.

Harriet

Harriet és la tortuga de les Galápagos més longeva que es coneix. Va ser arreplegada el 1835 per Charles Darwin a les Galápagos quan feia la mida d'un plat i per això van calcular que tenia uns 5 anys. Després d'uns quants anys a la freda Anglaterra, la van traslladar a Austràlia on el clima era més paregut al de les seues illes natals. Va viure més d'un centenar d'anys al jardí botànic de Brisbane (Queensland, Austràlia) i en acabant va passar a ser l'estrela del zoo de rèptils d'Austràlia, a Beerwah, al mateix estat de Queensland. Allà, cada any celebraven una multitudinària festa d'aniversari i acudien visitants australians i d'arreu del món. Va morir el juny del 2006, quan tenia 176 anys d'edat!

Basat en <ca.wikipedia.org>.

extinció: ací, desaparició per mort de tots els éssers d'una espècie.

paràsit: ésser que viu a costa d'un altre.

longeu: que arriba a una edat molt avançada.

La tortuga Harriet amb una cuidadora.

Comprenc la lectura

Després d'escoltar o de llegir el text, posa't a prova!

PREGUNTES EXPRÉS

1 On es troben les illes Galápagos?
- a) A l'oceà Pacífic.
- b) A l'oceà Atlàntic.
- c) A la mar Mediterrània.

2 Les tortugues de les Galápagos poden avançar…
- a) A 250 quilòmetres per hora.
- b) A 250 metres per hora.
- c) A 250 centímetres per hora.

3 Les tortugues de les Galápagos tenen…
- a) Una closca de 300 kg.
- b) El coll i les potes llargs.
- c) Ungles de quasi dos metres de llarg.

4 Com es deia una tortuga de les Galápagos molt famosa?
- a) Brisbane.
- b) Queensland.
- c) Harriet.

Contesta oralment

1 A quin país pertany l'arxipèlag de les Galápagos?

2 Quines dimensions i pes poden arribar a tindre les tortugues gegants?

3 I quina edat?

Contesta per escrit

4 De què s'alimenten les tortugues gegants de les Galápagos?

5 Per què n'ha disminuït tant el seu nombre?

6 Descriu els dos procediments que, segons el text, utilitzen les tortugues gegants per a lliurar-se dels paràsits.

7 Segons la descripció del text, quina d'aquestes és una tortuga de les Galápagos? Raona la resposta.

8 Ordena els llocs on va viure Harriet al llarg de la seua vida.

Brisbane – Anglaterra – illes Galápagos – Beerwah

Reflexiona

9 Què opines de la matança de tortugues de les Galápagos que van fer durant tant de temps els navegants?

10 Quines mesures penses que s'haurien de prendre per a protegir les tortugues gegants de les Galápagos?

Relaciona amb el teu món

11 En algunes zones del nostre territori viu la tortuga mediterrània (*Testudo Hermanni*). Busca'n informació i elabora'n una fitxa.

Treballa amb les paraules de la lectura: d'on són?

Cada any molts australians i australianes acudien al zoo de Beerwah a celebrar l'aniversari de Harriet. Vejam si saps com es diuen les persones que són d'uns altres països o ciutats!

12 Com s'anomen els habitants dels llocs indicats? Afig el sufix indicat a cada nom de país o de ciutat.

-à / -ana

València, Castella

-és / -esa

Romania, Còrdova

-í / -ina

Alacant, Mallorca

-enc / -enca

Castelló, Borriana

‣ Exemple. Equatorià, equatoriana.

El verb

1 Copia les paraules destacades de les bafarades. Són formes verbals.

- Relaciona cada forma verbal amb l'infinitiu corresponent.

fugir – amagar – llegir – caminar

> Els **verbs** són paraules que expressen accions.
> Els verbs s'anomenen en infinitiu. Tots els infinitius acaben en **-ar**, **-er**, **-re** o **-ir:** *cantar, fer, beure, llegir.*

2 Relaciona els elements de cada columna.

has pensat	dormir
hauré batut	véncer
cantà	pensar
dorm	batre
venç	cantar

3 Identifica la forma verbal de cada oració i escriu-ne l'infinitiu.

– Una de les tortugues ha fet un soroll.
– Al port faran les competicions.
– Tens la fruita a la cuina.
– Aquella tortuga mossegava un cactus.
– Joana està malalta.
– Demà tornarem els llibres.
– Un vaixell xocà contra les roques.
– No puges a la cadira, Manel.

▸ Exemple. *Ha fet*, del verb *fer*.

4 Completa cada oració amb una d'aquestes formes verbals.

embruten – és – ha estrenat – vaig perdre – fa – van eixir

- Felip … hui una motxilla nova.
- Els coloms del campanar ho … tot.
- El ventilador … un soroll estrany.
- Aquelles dones … en un programa de ràdio.
- Marta … una xiqueta molt callada.
- Jo … el rellotge en la piscina.

5 Escriu una oració amb cada una d'aquestes formes verbals: ha vingut, vaig dir, hauria dormit, havia comprat.

6 Quin infinitiu et suggerix cada imatge?

7 Separa els verbs i classifica'ls com s'indica.

conéixeresmorzarescriureabellirrecordareixirremouredesfer

Acaben en *-ar*	Acaben en *-er* o *-re*	Acaben en *-ir*

JUGUE AMB LA LLENGUA

1 Troba huit verbs en la sopa de lletres i relaciona'ls amb la definició corresponent.

C	X	N	A	I	X	E	R
R	I	U	R	E	T	L	P
E	S	G	S	B	M	L	E
M	G	A	N	I	M	A	R
A	J	R	F	J	L	H	D
R	L	V	T	E	M	E	R
X	H	Z	P	Ç	F	V	E
B	T	E	N	Y	I	R	F

- Fer nucs.
- Donar color a una tela, fusta, etc.
- Donar ànims a algú.
- Tindre por.
- Fer que el foc destruïsca alguna cosa.
- Fer riallades.
- Deixar de tindre alguna cosa.
- Eixir una au de l'ou.

Ús de *g, j, tg* i *tj*

1 Llig les paraules i fixa't que les lletres i els dígrafs destacats tenen el mateix so.

jaqueta | pe**tj**ada | fe**tg**e | **j**ulivert | **J**osep | rello**tg**e

juny | forma**tg**e | **g**el | cora**tj**ós | **g**irafa | mi**tj**ana

- Copia la graella i classifica-hi les paraules anteriors.

Porten *j*	Porten *g*	Porten *tj*	Porten *tg*

Per a representar el so de la **j** de *jardí*:

– Escrivim **j** o **tj** davant de les vocals **a**, **o**, **u** (*jaqueta, dijous, juny; platja*).

– Escrivim **g** o **tg** davant de les vocals **e**, **i** (*girafa, gel; formatge*).

Tin em compte que **tj** i **tg** només poden aparéixer entre vocals.

2 Escriu el plural de cada paraula en el quadern i observa els canvis ortogràfics que es produïxen.

taronja – esponja – roja – granja – tija

▸ Exemple: esponja → esponges.

corretja – platja – fotja – lletja – llotja

▸ Exemple: corretja → corretges.

3 Ompli els buits amb j o g i completa el text amb algunes de les paraules.

diumen…e | …uliol | …erard | di…ous

…enial | …ornada | plu…a | en…inyós

El meu cosí … és un xic molt … . El … passat, a sa casa, ens va mostrar un artefacte que havia fabricat per a fer llum. Era … !

4 Completa aquestes paraules amb tj o tg i usa-les per a completar les oracions.

via...a paisa...es salva...es mi...a desi...os massa...e

– Al parc zoològic hi ha animals ... .
– Dóna'm sols ... poma, que ja he berenat.
– Son pare és camioner i ... per tot Europa.
– La mare m'ha fet un ... a l'esquena.
– M'agraden molt els ... d'Astúries, sempre tan verds.
– Quins ... has demanat en apagar els ciris del pastís?

5 Fixa't en les paraules destacades i digues si seguixen la norma anterior.

Jesús és el xiquet amb **jersei** verd que intenta resoldre un **jeroglífic.**

Recorda

Algunes paraules s'escriuen amb *j* davant de *e*.

6 Completa amb j les paraules següents.

sub...ectar	pro...ecte	ad...ectiu
in...ecció	in...ectar	ma...estat

TALLER DEL DICTAT

Abans del dictat

1 Llig el text atentament i fixa't en les lletres i dígrafs destacats.

Júlia i **G**erard van anar a passe**j**ar el diumen**ge** a la pla**tj**a amb els seus pares. Van veure **G**emma i la seua **g**ermana ma**j**or, Vir**g**ínia, que, mentre **j**ugaven, havien trepi**tj**at sense voler una medusa que el mare**j**ol del dia anterior havia llançat sobre l'arena.

47 Dictat

2 Escolta amb atenció el text.

3 Escriu el dictat en el quadern.

Després del dictat

4 Copia la graella i classifica-hi les paraules amb alguna lletra o dígraf destacat.

Porten *j*	Porten *g*	Porten *tj*	Porten *tg*

5 Afig una paraula més en cada casella de l'activitat anterior.

Paraules compostes amb guionet

1 Observa aquestes paraules compostes amb guionet.

penja-**r**obes

para-**x**ocs

penya-**s**egat

Les paraules compostes porten guionet:

– Si la segona comença per **r**, **s** o **x** (*espanta-sogres, busca-raons, cara-xuplat*).

– Si conté un punt cardinal (*nord-est, sud-americà*).

2 Relaciona les columnes i forma paraules compostes amb guionet.

escura	africà
para	xemeneies
sud	americà
nord	roba
guarda	sol

3 Completa les oracions amb aquestes paraules compostes amb guionet.

esclata-sangs | costa-riqueny | mata-rates | pèl-roja

– Osvaldo és de Costa Rica, és a dir, és … .

– Carme és … i té moltes pigues a la cara.

– M'agraden molts els … fets amb salsa de tomaca.

– Van posar … a l'andana.

Opinar

1 Observa la imatge i llig els textos de les bafarades.

- Sobre quin tema parlen els xiquets i les xiquetes?
- Què penses sobre els jocs? A quins jocs t'agrada jugar?
- Escriu la teua opinió sobre els jocs que practiques o que t'agradaria practicar.

Opinar és explicar el que pensem sobre un tema. Ens n'hem d'informar abans d'opinar.

TALLER D'EXPRESSIÓ

1 A classe, observeu els cartells i reflexioneu sobre la higiene a l'escola.

L'escola és teua; mantín-la neta

Per un pati més net, utilitza les papereres

- Doneu la vostra opinió sobre aquest tema: penseu que es pot millorar? Quines mesures es podrien adoptar?

Poemes

1 Llig o escolta aquest poema de Joana Raspall i respon les preguntes.

48 **La bicicleta**

Jo tinc una «bici»
pintada de **nou**.
Quan vull s'està quieta
i quan vull es **mou**.

Hui no vol córrer
i no sé per **què**;
l'he greixada amb l'oli
d'un setrill **sencer**!

Amb draps de camussa
tota l'he **eixugat**,
i ja un cop polida
així ha **rondinat**.

M'ha dit: —Estic prima;
no em tractes prou **bé**.
—Si tu ets la més ferma
de tot el **carrer**!

—Mira quines rodes
té aquella d'**allà**!
—Parles d'una moto!
No et pots **comparar**!

- Quin recurs usa la poetessa quan diu que la bicicleta «no vol córrer» i que «ha rondinat»?

  ☐ L'enumeració ☐ La comparació ☐ La personificació ☐ L'onomatopeia

- Què tenen en comú les paraules destacades en cada estrofa?

El **poema** s'escriu en **vers** i intenta crear bellesa amb el llenguatge. El versos s'agrupen en **estrofes**. Quan les últimes paraules de dos o més versos acaben igual o paregut diem que **rimen**.

TALLER LITERARI

1 Fes grups de paraules que rimen.

caragol – fortuna – mel – mussol – meravella – bressol – duna
violoncel – ovella – llacuna – esquella – caramel

2 Tria un dels grups que has format i escriu un poema.

TASCA

Recital de poemes

Quan llegim poemes en veu alta hem de pronunciar d'una manera clara i acurada perquè se'ns entenga. També hem de donar l'entonació adequada.

49 **1** Llig o escolta aquests poemes. Quin tema tenen en comú?

A

Marina

Amb els peus dins l'escuma,
la mar toca el piano dolç de la platja
i el timbal guerrer de les roques.
Les bombolles són les pessigolles de l'arena,
i de la mar cap a la mar
va i ve i torna l'aigua.

Josep Maria Sala-Valldaura

B

Mediterrània

Mediterrània
d'ametla verda.
De xiprer i carrasca.
De vi ensucrat i onada.
De pètals i melmelada.

Del beduí
és el bagatge
del llarg camí.

Josep Ballester i Roca

C

Rap

El cap
del rap
no cap
al cap:
quin nyap!

Miquel Desclot

D

Les gavines

Entre el blau pàl·lid del cel
i el blau obscur de la mar,
majestuoses i blanques,
del vol fan el més bell ball.

Marc Granell

2 Quin poema t'ha agradat més? Per què?

3 En grups de cinc, prepareu un recital.

- Decidiu un tema que us agrade i busqueu poemes que en parlen. Consulteu en la biblioteca i també en Internet.
- Llegiu moltes vegades els poemes que trieu, tant en silenci com en veu alta, fins a entendre'ls bé.
- Assageu en grup.
- Si voleu, busqueu una música adequada al tema que heu elegit.
- Feu el recital a la classe.

Repàs de la unitat

RESUMISC

Copia i completa aquest resum en el quadern.

Gramàtica

- Els verbs són paraules que expressen … . Els verbs s'anomenen en … . Tot acaben en …, … **-re** o **-ir**.

Ortografia

- Per representar el so de la **g** de **gel**:
  - Escrivim … o **tj** davant de les vocals **a**, **o**, **u** i **g** o … davant de les vocals …, … .
  - S'escriu **tj** o **tg** només entre … .

Vocabulari

- Les paraules compostes porten guionet si la segona comença per …, … o … i si conté un punt … .

Expressió oral i escrita

- Expressem una opinió quan … el que pensem sobre un tema.

Literatura

- El poema s'escriu en … i intenta crear … amb el llenguatge. El versos s'agrupen en … . Quan les últimes paraules de dos o més versos acaben … o … diem que rimen.

1 Copia els verbs que apareixen en el text.

Aquesta vesprada estava a la meua habitació molt avorrit. Aleshores, he tingut una idea: he agafat un llapis i una llibreta i he escrit un poema sobre l'avorriment. La mare l'ha llegit i diu que és molt divertit!

2 Relaciona els verbs que has copiat amb aquests infinitius: tindre, agafar, estar, ser, escriure, dir i llegir.

3 Completa els noms com s'indica.

- Amb **j** o **g**.

…uliol

…elat

…irafa

…ersei

- Amb **tj** o **tg**.

corre…a

forma…e

4 Relaciona i escriu paraules compostes amb guionet.

nord	raons
esclata	sol
busca	americana
gira	sang

5 Completa les oracions amb les paraules compostes que has format.

– A la tardor, anem al bosc a buscar … .
– M'agraden les pipes de … .
– A la classe hi ha una xiqueta … .
– Joan sempre es baralla; és un … .

6 Llig, reflexiona i escriu la teua opinió.

Enguany, a escola han decidit que el dimecres és el dia sense balons. Al pati no es pot jugar a cap joc de pilota.

RACÓ LITERARI

50 **7** Llig el començament d'aquest conte popular.

Joanet

Això diu que era un xiquet molt ximple que es deia Joanet. Era fill pobil d'un home ric. Vivia en una casa de tres navades, la qual tenia un rebost gran ben assortit de gerres d'oli i de vi, de farina i de tota mena de queviures.

Una volta, quan Joanet tenia dotze anys, els seus pares se n'havien d'anar a un altre poble, on se celebraven les noces de la filla d'uns amics.

Adaptat de *Contalles populars valencianes*.
Josep Bataller.

8 Imagina i escriu què podria fer Joanet aquell dia sol a casa.

AVANCE

9 Quins infinitius hi ha dins del quadre?

canta	estudiar	llegir	llegim
va jugar	tindrem	dir	passeig
córrer	mirava	fer	foc

10 Relaciona els elements de cada columna.

has escrit	conéixer
hauré obert	anar
conegué	veure
vaig	obrir
veig	escriure

51 **DICTAT:** Llig i escolta el text. Després, escriu-lo al dictat.

La iaia Joana té moltes plantes al jardí: gesmilers, geranis, rosers, un taronger i una llimera, espígol… L'altre dia va comentar que algunes plantes estaven malaltes. Aleshores el meu germanet li digué: «Iaia, i per què no les portes a la metgessa?»

13 Una casa per a nosaltres!

52

Prepare la lectura

Un grups d'humans, cansats de viure a la gran ciutat, traslladen la residència a la sabana africana. Però, lluny d'oblidar la civilització, el que volen fer és reproduir-la també allà i per això intentaran convéncer els animals dels avantatges de construir una ciutat.

Els humans estaven ofuscats amb la idea de convertir aquells paratges en una rèplica de la seua estimada civilització. I ho van fer llançant una idea que va entusiasmar tots els animals.

—És molt generós de la vostra part —va agrair el gran lleó—. Una casa per a nosaltres!

—Ja he fet unes quantes gestions —va explicar el senyor Just—, i puc anunciar-vos que demà mateix tindrem tot el material necessari per a emprendre les obres.

—Demà, tan prompte?

—Tranquils, amics meus —va intervenir la senyora Avall—, el meu marit ho té tot pensat.

I amb uns ullets plens d'admiració i de cobdícia es posà a estudiar el plànol immens que l'home acabava d'estendre sobre la taula. En un segon, tenia al seu voltant desenes de mirades encuriosides i il·lusionades.

—Açò d'ací és la nostra casa. Ho veieu? Bé, doncs de la dreta i de l'esquerra eixiran dos carrers que després es bifurcaran en més carrers, carrerons, avingudes, places, passeigs, atzucacs, camins i sendes.

ofuscat: entossudit.

cobdícia: avarícia, afany desmesurat per obtindre riqueses.

bifurcar-se: dividir-se en dos un camí, un carrer, etc.

atzucac: carreró sense eixida.

Els animals, tots alhora, alçaren els caps i contemplaren la immensa esplanada de terra polsegosa que els envoltava. Era impossible imaginar que aquell lloc es convertira prompte en...

—Una ciutat! Sí, amics meus, aquesta és la idea. Convertir aquest lloc desolat en una gran urbs, moderna i acollidora —cridà, eufòric, l'home, que ja veia la seua estàtua dominant-ne la plaça major—. I després de les cases, necessitarem botigues que ens proporcionen menjar, roba i tot allò imprescindible per a viure decentment.

Aleshores, els animals es van llançar a dir en veu alta el negoci que tenien pensat muntar:

—Nosaltres volem una tintoreria —cridaren les hienes tacades.

—Jo vull una carnisseria —va exclamar un lleó gros com una roda de camió.

—I jo una sauna —comentà un hipopòtam.

—Jo seré taxista.

—Jo vull una llibreria!

—I jo una sabateria!

—Doncs jo, una clínica dental!

(...)

El senyor Just hagué d'alçar la veu ben alt per poder acabar el discurs:

—I després del treball, ve la diversió!

Un a un, els animals es feren eco de les seues intencions: uns volien muntar cinemes a l'aire lliure; altres, restaurants vegetarians; els nyus, un circ ambulant; dos hipopòtams, una cafeteria dietètica; algunes gaseles, un gimnàs...

—Una pregunta, amic Just —va fer un hipopòtam—. Hi ha una qüestió que no para de pegar-me voltes al cap. Com pagarem tot això? No tenim diners, ni talonaris de xecs, ni llibretes d'estalvis, ni accions en la borsa, ni propietats per vendre, ni targetes de crèdit. En una paraula: estem més pelats que el cul d'una mona!

Això no semblava preocupar gens el senyor Just. Amb un aire de suficiència va dir:

—Tranquil, amic Faustí, està tot pensat.

Adaptat d'*Animals!* Maria Jesús Bolta. Ed. Bromera.

urbs: ciutat.

borsa: lloc on es realitzen operacions econòmiques de compravenda de valors i de productes.

Comprenc la lectura

Després d'escoltar o de llegir el text, posa't a prova!

PREGUNTES EXPRÉS

1 Quina idea va llançar el senyor Just als animals?

a) Fer-los tintoreries.
b) Fer-los una cafeteria dietètica.
c) Fer-los cases.

2 Quina relació tenen el senyor Just i la senyora Avall?

a) Són germans.
b) Són casats.
c) Són constructors.

3 Què volia posar el senyor Just enmig de la plaça major?

a) Una estàtua seua.
b) Uns cinemes a l'aire lliure.
c) Una immensa esplanada de terra polsegosa.

4 Quin animal diu que no tenen diners?

a) Un hipopòtam.
b) Un lleó.
c) Una hiena.

Contesta oralment

1 En què volen convertir els humans la sabana?

2 Quan volen començar les obres?

3 Amb quin animal està parlant el senyor Just al principi?

Contesta per escrit

4 D'on eixiran els carrers principals de la ciutat?

5 Ordena de menor a major importància aquestes vies.

carrer – senda – carreró – avinguda – camí

6 Identifica quin d'aquests paisatges és una sabana.

7 Quin negoci vol muntar cada un d'aquests animals?

hienes tacades – lleó – nyus – gaseles

Reflexiona

8 Quin animal penses que voldria muntar cada un d'aquests negocis?

- Una llibreria.
- Una sabateria.
- Una clínica dental.
- Cinemes a l'aire lliure.
- Un restaurant vegetarià.
- Conduir un taxi.

Relaciona amb el teu món

9 Quins problemes o inconvenients penses que pot ocasionar el fet de construir una ciutat a la sabana africana?

Treballa amb les paraules de la lectura: la població

En una població no sols hi ha carrers i avingudes. De segur que coneixes molts més elements que en formen part.

10 Ordena les lletres i formaràs el nom dels elements senyalats en el dibuix.

1 LRRICA IBIC
2 GUEVERACLA
3 RERAOV
4 ABLELLÓ
5 ÇAAACLD
6 LAACN
7 ÚSTIAB
8 TELLSAR
9 PARAADOR

11 Identifica cada un d'aquests elements en la il·lustració anterior i explica per a què servixen.

semàfor – paperera – piló – fanal

Els temps verbals

1 Llig les oracions i relaciona-les amb l'etiqueta corresponent.

- El senyor Just ahir **pensà** construir una ciutat a la sabana.
- Hui **explica** el seu projecte als animals.
- Demà **arribaran** els materials per a començar la construcció.

Futur

Passat

Present

El **temps verbal** pot ser: **present**, quan l'acció es realitza ara; **passat**, si l'acció s'ha realitzat abans; i **futur**, si l'acció es realitzarà després.

2 Completa les oracions amb els verbs que estan en present.

ha dit
agrada
guanya
vivim
tindreu
teniu

- M'… molt el flam de xocolate.
- Nàdia i jo … a Benicarló.
- Vosaltres … molta sort.
- L'equip de 3r sempre … els partits de voleibol.

3 Aquestes formes verbals estan en passat. Completa-hi les oracions.

digueres – vam dir – heu comprat – vaig somiar – ocupaven – anà

- Anit, jo … que volava sobre el poble.
- Joan, no … que no t'abellia veure aquesta pel·lícula?
- Gràcia … ahir a l'escola amb febre.
- Júlia i jo … que estàvem d'acord amb la majoria.
- Ja … el pastís d'aniversari de Mireia?
- Els estornells … els arbres del parc.

4 Completa el quadre en el quadern amb les formes que estan en futur.

5 Reescriu l'oració posant primer el verb en passat i després en futur.

– Andreu participa en el concurs de dibuix.

Relacione amb la lectura

6 En quin temps estan els verbs destacats en aquest fragment de la lectura inicial?

—Ja **he fet** unes quantes gestions —va explicar el senyor Just—, i **puc** anunciar-vos que demà mateix **tindrem** tot el material necessari per a emprendre les obres.

JUGUE AMB LA LLENGUA

1 El que diu l'hipopòtam no té sentit perquè s'ha enganyat usant els temps verbals. Corregix-lo.

Els sons de la e i de la o

1 Llig aquestes paraules seguint les indicacions.

La *e* sona com en ***mel***

perla

set

fideus

La *e* sona com en ***dent***

tren

pésols

fletxa

La *o* sona com en ***font***

bou

carxofa

roca

La *o* sona com en ***gos***

sabó

dos

ploma

La **e** tònica pot sonar oberta com en *mel* o tancada com en *dent*.
La **o** tònica pot sonar oberta com en *font* o tancada com en *gos*.

2 Llig les paraules següents segons el codi de color.

Porten e tancada — Porten e oberta

verd – tres – café – terra – selva – ceba – tela – serra

3 Escriu el nom del que representa cada imatge i usa els que tenen e oberta per a completar l'oració.

Uf, quin oratge més roín que fa! Tinc els … freds com el … .

4 Llig en veu alta aquestes paraules. Després, copia amb color roig les paraules que tenen o oberta, i amb verd les que tenen o tancada.

pilota – poma – mona – balcó – home – olla – boina – botó

▸ Exemple. Pilota, poma…

5 Troba en la sopa de lletres huit paraules amb o i classifica-les.

C	O	P	A	F	X	Ç
J	M	O	J	L	D	G
C	A	R	L	O	T	A
O	D	T	G	R	D	X
N	Z	A	B	X	O	H
T	R	G	P	O	N	T
E	S	T	O	R	A	Ç

Porten o oberta	Porten o tancada

TALLER DEL DICTAT

Abans del dictat

1 Llig el text atentament.

Guillem treballa de guarda forestal al **poble**. **Tota** la **gent** diu que és **molt valent** perquè **divendres** passat, durant un **incendi**, va salvar una **dona** de les flames del **foc**.

53 Dictat

2 Escolta amb atenció el text.

3 Escriu el dictat en el quadern.

Després del dictat

4 Classifica les paraules destacades del text.

Tenen e tancada	Tenen e oberta	Tenen o tancada	Tenen o oberta

Camps semàntics

1 Classifica aquestes paraules com s'indica.

batedora – sardines – planxa – llonganisses – albergínia
torradora – iogurt – espremedora

Electrodomèstics	
Aliments	

- Afig dos elements més a cada grup.

Les paraules que tenen significats relacionats formen un **camp semàntic**.

2 Relaciona cada grup de paraules amb el camp semàntic al qual pertanyen i afig-ne dues més a cada un.

maig, juny, juliol, agost	gener febrer	flors
groc, blau, negre, marró		mesos de l'any
margarida, clavell, rosa		colors

3 En cada grup de paraules n'hi ha una que no hi correspon. Localitza-la i explica per què.

gallina – ànec – avió – voltor – gavina

pi – taronger – olivera – jardí – garrofera

sardina – lluç – vaixell – tauró – anxova

sargantana – serp – colobra – fardatxo – granota

▸ Exemple. Avió no és una au.

Relacione amb la lectura

4 Classifica les paraules en camps semàntics i afig-ne una més a cada un.

lleó – sabana – carrer – hipopòtam – atzucac – selva – hiena
avinguda – bosc – jungla – nyu – passeig

Vies urbanes	Animals	Paisatges

La publicitat

1 Observa aquests anuncis publicitaris.

2 Respon aquestes qüestions sobre els anuncis anteriors.

- Quin producte s'anuncia en cada cas?
- Quins elements s'usen: paraules, imatges o les dues coses?
- Quines característiques es destaquen de cada producte? N'hi ha cap que siga negativa?

3 Creus que els anuncis animen a comprar els productes?

L'objectiu de la **publicitat** és **informar** i **convéncer** els consumidors perquè compren un producte.

4 Quin anunci que recordes t'agrada més? Què s'anuncia?

TALLER D'EXPRESSIÓ

1 Per parelles, elaboreu un anunci.

- Anunciareu el iogurt Fruit, que té trossets de fruita natural.
- Redacteu un eslògan.
- Dibuixeu la imatge que acompanyarà l'eslògan.
- Pengeu els anuncis al suro de classe i compareu-los. Quin us sembla més original?

Tirallongues i embarbussaments

1 Llig aquest fragment de la «Tirallonga de monosíl·labs» de Pere Quart i respon les preguntes.

54

I tu, què vols?
Un poc de fam
i un xic de pa.
Un poc de fred
i un poc de foc.
Un xic de son
i un poc de llit.
Un xic de set
i un poc de llet.
I un poc de pau.
Un poc de pas,
un poc de pes
i un poc de pis.
I un xic de niu.
I un poc de sol
i un poc de sal.
I un poc de cel.

- Quines paraules es repetixen en quasi tots els versos?
- Com són totes les paraules: monosíl·labes, bisíl·labes…?

2 Llig aquests embarbussaments i fes les activitats.

Pare, una haca l'he treta;
l'altra haca, la trac?

Blai clava un clau a la paret.
On clava el clau Blaiet?
Blaiet clava el clau a la paret.

En quin tinter tens tinta, Anton?
Tinc tinta en tots els tinters.

- T'han resultat fàcils de pronunciar?
- Quin sons es repetixen en cada un?
- Intenta llegir-los ràpidament.

La **tirallonga** és una sèrie llarga de frases que **encadenen idees** i juguen amb el llenguatge fent rimes i repeticions.

L'**embarbussament** és un joc de paraules basat en una frase **difícil de pronunciar**.

TALLER LITERARI

1 A partir dels embarbussaments d'aquesta pàgina, elabora'n un altre. Pots utilitzar aquestes paraules.

pany – apanyar – puny – empunyar – banyar – bany

2 A classe, reciteu ràpidament els embarbussaments que heu escrit.

TASCA

Al carrer

Comportar-se adequadament al carrer evita accidents i millora la convivència.

1 Observa la imatge i, a classe, comenteu les situacions incorrectes que hi apareixen.

2 Redacteu una sèrie de normes per a evitar comportaments que considereu incívics.

REPÀS DE LA UNITAT

RESUMISC

Copia i completa aquest resum en el quadern.

Gramàtica

- El temps verbal pot ser:
  - ... : l'acció es realitza **ara**.
  - **passat**: l'acció s'ha realitzat ... .
  - ... : l'acció es realitzarà **després**.

Ortografia

- La ***e*** tònica pot sonar ... com en ***mel*** o tancada com en ***dent***.
- La ***o*** tònica pot sonar oberta com en ***font*** o ... com en ***gos***.

Vocabulari

- Les paraules que tenen ... relacionats formen un camp semàntic.

Expressió oral i escrita

- L'objectiu de la publicitat és informar i ... els consumidors perquè compren un producte.

Literatura

- La tirallonga és una sèrie llarga de frases que ... idees i juguen amb el llenguatge fent rimes i ... .
- L'embarbussament és un joc de paraules basat en una frase difícil de ... .

1 Copia el verb de cada oració i digues en quin temps està.

- Demà anirem a una exposició amb la classe de 4t.
- Van restaurar el campanar l'any passat.
- Pilar llig un llibre sobre els dinosaures.
- Pau portà ahir el seu hàmster a classe.
- Joana és molt simpàtica.
- El divendres que ve celebrarem el meu aniversari.

2 Reescriu les oracions posant els verbs en present.

- Jo compraré una corretja nova per al gos.
- Estava mig adormit i va sonar el telèfon: era Marina.
- Marta pensava que jo era germà de Pere.
- Visitarem el museu d'art contemporani.
- Les plantes han crescut molt en primavera.

3 Copia la graella i classifica-hi aquestes paraules.

mel	terra	olla	sopa
gel	dent	pilota	boina
tren	café	botó	gos
verd	herba	nervi	palmera
foca	roig	perol	colom

Porten *e* tancada	Porten *e* oberta

Porten *o* tancada	Porten *o* oberta

4 En cada grup de paraules hi ha una que no pertany al mateix camp semàntic que la resta.

- Gos, gat, ratolí, espinac, hàmster, conill.
- Sabata, bota, bleda, sandàlia, sabatilla, botí.
- Taula, cadira, armari, llit, lletuga, prestatgeria.

• A quin camp semàntic corresponen les paraules intruses?

5 Quines qualitats s'haurien de destacar en la publicitat d'una motxilla? Fes-ne l'anunci.

RACÓ LITERARI

55 **6** Llig aquest poema de Josep Ballester i, després, escriu tu una estrofa més seguint el mateix esquema.

L'ossa menor

Carracric-carracroc.
Un carro carregat de rocs
corria per la carretera del cel.
i les rodes rodaven, rodaven
i el carreter remugava molt.
Carracric-carracroc.
Un carro carregat de rocs
rodolava per un carreró
amb una arrova de rosada;
el carreter rondinava molt.

AVANCE

7 Forma el present, el passat i el futur del verb *caminar*.

Caminava, caminaré, caminaves, camine, camines, caminàvem, caminareu, camina, caminaràs, caminaran, caminem, caminava, camineu, caminaven, caminarà, caminen, caminarem, caminàveu.

	Present	Passat	Futur
jo		caminava	
tu			
ell / ella		caminava	
nosaltres			
vosaltres			
ells / elles			

56 **DICTAT:** Llig i escolta el text. Després, escriu-lo al dictat.

Mònica és molt aficionada a la literatura de misteri. L'altre dia ens va llegir a tota la classe el principi d'una història que s'havia inventat: «L'home avançava per un carreró mal il·luminat. Duia una maleta molt gran i pesant. Va entrar a l'hotel sense adonar-se que una ombra el seguia...». Ens va deixar a tots bocabadats i intrigats per saber què passaria després.

14 Viatge a Londres

57

Prepare la lectura

Us ha passat alguna vegada que, tenint preparat un viatge, no l'heu fet per una circumstància d'última hora? La família que protagonitza la lectura ha guanyat un viatge a Londres. Però, a punt d'embarcar, un imprevist els obliga a anul·lar-lo.

Mon pare va traure el cap per la porta amb els tres bitllets d'avió. Eren per a Londres. Li'ls havien regalat en una gasolinera.

—Heu guanyat un viatge a Londres per a tota la vostra família, per carregar gasolina en aquesta gasolinera. Un cap de setmana amb les despeses pagades —li va dir el de la gasolinera amb un somriure d'orella a orella.

—No, si jo només volia que em netejàreu el parabrisa —li va respondre el pare.

—Que bromista que sou. Quants en sou, de família? —li va preguntar el gasoliner.

—Tres. No, quatre. No, tres —dubtava el pare.

L'encarregat de la gasolinera ja començava a pensar a regalar el viatge a un altre senyor que acabava de parar el cotxe al costat de l'assortidor de «sense plom». Aleshores el pare va explicar que a casa, realment, n'érem tres; però que la mare estava embarassada.

El pare va haver de fer vint euros de gasolina. Va agafar els bitllets i li va donar les gràcies:

—Gràcies.

El primer que vaig fer va ser anar a buscar el paraigua, per si de cas. El pare es va posar un casset d'anglés i va començar a repetir frases que sonaven malament. La mare va telefonar a la seua germana, la meua tia, i li va contar que ens n'anàvem a Londres a passar el cap de setmana.

Quina sort que té el pare. Però aquella nit va haver d'escurar els plats.

Era la primera vegada que pujaria en avió. Estava nerviós. També era la primera vegada que eixiria d'Espanya. Bé, en somnis havia estat a l'Amazones i a les piràmides d'Egipte, però de veritat, en carn i ossos, era la primera vegada. Vaig imaginar l'aeroport ple d'homes amb gavardina i telèfons mòbils, ocupats en afers molt importants per a les seues empreses i els seus països.

Per fi va arribar el moment. Estàvem a punt d'embarcar, ja es veia l'avió per la cristallera, quan la mare va dir:

—Ai, Tomàs, em sembla que no podrem anar a Londres.

—T'has deixat els bitllets! —va exclamar el pare.

—No, els bitllets no, el xiquet.

—Però si està ací —va dir el pare mirant-me.

—No, aquest no. L'altre —va dir la mare assenyalant-se la panxa.

I el pare va haver de cridar una ambulància perquè duguera la mare a l'hospital. També va cridar un taxi perquè em portara a ca la iaia. Pot ser que els xiquets vinguen de París, però on no van, com queda demostrat, és a Londres.

Així que el viatge a l'estranger va quedar en no-res. Aquella nit en què va nàixer el meu germà vaig somiar que passejava en una barcassa pel Tàmesi i que jo era el pilot de la barca de passatge. I tocava el clàxon. Aleshores el pont de la Torre, aquell que ix en totes les fotos, s'alçava i ens deixava passar.

Daniel Nesquens. *Dèsset contes i dos pingüins*. Ed. Anaya.

casset: dispositiu per a enregistrar i reproduir veu i música.

gavardina: peça de vestir, llarga, semblant a un abric, però feta amb tela més fina.

afer: assumpte.

no-res: res.

barcassa: barca gran sense vela utilitzada per a carregar i descarregar vaixells.

Tàmesi: riu que passa per Londres.

Comprenc la lectura

Després d'escoltar o de llegir el text, posa't a prova!

PREGUNTES EXPRÉS

1 Què ha de fer el pare perquè li entreguen el regal?

a) Netejar el parabrisa.

b) Fer algunes bromes.

c) Fer vint euros de gasolina.

2 Què fa el protagonista quan s'assabenta que se'n van a Londres?

a) Telefona a la seua germana.

b) Es posa a escoltar un casset en anglés.

c) Busca el paraigua.

3 Com va el protagonista a ca la iaia?

a) Amb taxi.

b) Amb ambulància.

c) Amb avió.

4 Què somia el protagonista la nit que va nàixer el seu germà?

a) Que visita el riu Amazones.

b) Que explora les piràmides d'Egipte.

c) Que pilota una barcassa al Tàmesi.

Contesta oralment

1 Què ha guanyat el pare?

2 On ho guanya?

3 Per què la família no pot gaudir el regal?

Contesta per escrit

4 Per què dubta el pare quan compta els membres de la família?

5 Què pensa l'encarregat de la gasolinera davant d'aquest dubte?

6 Per què creus que el primer que fa el xiquet és buscar el paraigua?

7 Com es diu el pare del protagonista?

Reflexiona

8 Creus que, a la mare, li agrada el regal que els ha correspost? Raona la resposta.

Relaciona amb el teu món

9 En la teua família o en persones que conegues ha nascut algun bebé? Què en recordes? Què vas sentir quan el visitares per primera vegada?

Treballa amb les paraules de la lectura: els mitjans de transport

Quina emoció viatjar amb avió! Però hi ha molts altres maneres d'anar d'un lloc a un altre. A veure quines coneixes!

10 Troba en la sopa de lletres el nom de quinze mitjans de transport.

H	S	V	T	L	A	X	B	J	Ç	B	P	R	C	N	Z	L	D
E	R	A	M	B	U	L	A	N	C	I	A	L	Ç	B	N	H	Ç
L	F	I	T	Z	T	P	H	L	T	C	Ç	M	P	A	V	I	O
I	V	X	G	C	O	T	X	E	J	I	P	F	H	R	J	V	T
C	J	E	B	X	B	L	H	F	B	C	S	B	F	C	R	F	B
O	N	L	J	S	U	N	T	M	L	L	A	N	X	A	S	B	T
P	H	L	V	G	S	Ç	P	E	N	E	V	D	G	L	Z	H	R
T	R	A	M	V	I	A	N	T	F	T	R	I	C	I	C	L	E
E	G	S	H	F	L	P	Ç	R	C	A	N	C	J	N	V	J	N
R	J	Z	M	C	A	M	I	O	X	T	F	T	A	X	I	D	C

11 Resol aquestes endevinalles tenint en compte que les solucions estan en la sopa.

A
El meu camí és de ferro,
xiule per a avançar,
i entre poble i poble
mai no em deixen parar.

B
Va pel cel,
té ales
i no és cap ocell.

C
Mirada de dalt sembla una creu,
de costat unes ulleres;
servix per a anar corrents…
si no et trenques les costelles.

D
Llarg com un cuc,
menge tota la gent.
Faig voltes i voltes
i tots baixen corrent.

E
Nasc a terra
i visc a la mar.
Quan sóc a l'aigua
com en sé, de nadar!

F
Veig les entranyes
de la gran ciutat
i amb mi tots arriben
amb puntualitat.

G
Sóc el primer vehicle
amb què vas de menut
i quan et fas gran
em mires amb enuig.

H
Si tinc pressa, sempre avise,
a la sirena tot el món fa cas,
amb el seu ni-no, ni-no,
tots els cotxes m'obrin pas.

Subjecte i predicat

1 Llig i respon les preguntes.

El pare agafa els bitllets.

La família prepara els equipatges.

- **Qui** agafa els bitllets? **Què** fa el pare?
- **Qui** prepara l'equipatge? **Què** fa la família?

El **subjecte** és qui fa l'acció verbal, és de qui parlem. L'acció que fa el subjecte, allò que en diem, és el **predicat**.

2 Relaciona cada subjecte amb el predicat corresponent i forma oracions.

Les xiquetes	anirem a Mallorca.
Pau, Anna i jo	està buida.
La gasolinera	tinc son.
Tu	juguen a conillets a amagar.
Laia i tu	portes una bicicleta nova.
Jo	us porteu molt bé.

- A la columna esquerra hi ha els subjectes o els predicats?

3 Escriu un subjecte per a cada predicat i completa les oracions.

- … portarem taronges per a fer suc.
- … prepararé el sopar.
- … volen molt bé.
- … heu escrit l'obra de teatre?
- … llegiràs la poesia a la classe.
- … no funciona correctament.

4 Ara, escriu un predicat per a cada subjecte.

- Nosaltres … .
- Marta, Lluïsa i tu … .
- Aquell conductor … .
- Jo … .
- Les muntanyes russes … .
- Tu … .

5 Escriu tres oracions. Després, encercla'n els predicats.

Relacione amb la lectura

6 Copia i separa el subjecte i el predicat d'aquestes oracions de la lectura.

- El pare té molta sort.
- La mare va telefonar a la seua germana.
- El meu germà va nàixer aquella nit.

JUGUE AMB LA LLENGUA

1 Aquestes oracions destrellatades han intercanviat els predicats. Escriu-les correctament posant cada predicat amb el subjecte que correspon.

- Maria i jo han fet una cercavila.
- Ella vam anar d'excursió.
- Tots va frenar bruscament.
- Els festers ha fet un dibuix molt bonic.
- El conductor de l'autobús som companys.

Els sons de la x

1 Llig les paraules i fixa't que les lletres i dígrafs marcats representen el mateix so.

xiulet

an**x**oves

sandvi**tx**

ro**ig**

co**tx**e

Per a representar el so de la **x** de *xiquet* s'escriu:

– **x** a principi de paraula i darrere de consonant (*xiulet, anxoves*).

– **tx** entre vocals i a final de paraula (*cotxe, sandvitx*).

– **ig** només a final de paraula (*roig*).

2 Classifica les paraules destacades.

– **Ximo** tenia mal en la **panxa** i ha anat al metge.

– **Vaig** veure passar un **cotxe** de cavalls pel **passeig** marítim.

– S'ha acabat el **cartutx** de tinta que portà **Conxa**.

– Els taulells de la **dutxa** són de color **roig**.

– Vam veure una part **xicoteta** de l'**assaig** de l'obra **Pinotxo**.

S'escriuen amb *x*	S'escriuen amb *tx*	S'escriuen amb *ig*

3 Escriu ig al final de cada paraula. Llig-les i completa-hi les oracions.

torne… fa… va… ve… mare…

– Cada matí jo … el meu llit.

– No … res sense ulleres.

– Participeu en el … de bàsquet del col·legi?

– He agafat un … enorme al polp de la fira.

– Mare, ara mateix … a pel pa!

4 Llig aquest menú i observa que la x té un so diferent.

Menú del dia

Primer plat: *sopa de peix*

Principal: *cuixa de pollastre en salsa*

Postres: *maduixes amb nata*

La **x** sona com en *cuixa* darrere de la vocal **i** (*peix, cuixa*).

5 Ordena les lletres i escriu la paraula amb el so de la x de cuixa que correspon a cada definició.

– Nau, embarcació: LLIXVAE
– Mecanisme que permet obrir o tancar el pas de l'aigua: TAEXAI
– Grup nombrós d'abelles: EXIAM
– De poca alçària: XIBA
– Peça de la boca que servix per a mastegar: XALIQUE

6 Classifica aquestes paraules segons el so de la x.

eixida – carxofa – caixa – xutar – nàixer – xocolate – coix
punxar – planxa – dibuix

Sona com en *xiquet*	Sona com en *cuixa*

TALLER DEL DICTAT

Abans del dictat

1 Llig el text atentament.

El meu iaio **Aleix** era pescador. La seua barca es deia ***Conxeta*** i era de color **roig**. Té fotos amb **peixos** enormes que va pescar. Quan es va jubilar, se'n vingué a viure a **Elx** i es dedica a fer maquetes de **vaixells** en miniatura.

58 Dictat

2 Escolta amb atenció el text.

3 Escriu el dictat en el quadern.

Després del dictat

4 Copia la graella i classifica-hi les paraules destacades del dictat.

Conté el so de la x de *xiquet*	Conté el so de la x de *cuixa*

VOCABULARI

Frases fetes

1 Relaciona cada expressió destacada amb el significat que té.

- Maria **té mà esquerra** i va aconseguir que Joan i Martí feren les paus.
- Arnau ens va deixar atabalats perquè **xarrava pels colzes**.
- Quan li fan qualsevol burla, a Júlia, **se li puja la mosca al nas** de seguida.
- En la festa d'aniversari, els pares de Maria **van llançar la casa per la finestra.**

Parlar molt

Gastar molt

Enfadar-se

Ser diplomàtic

Una **frase feta** és una expressió habitual d'una llengua que té un sentit figurat.

2 Tria el significat de cada frase feta. Pots consultar en el diccionari les entrades cella, braç i ull.

Ficar-se entre cella i cella.

- Parar-se una mosca entre les celles.
- Enfadar-se.
- Tindre una idea fixa.

Estar de braços plegats.

- Adoptar una posició formal.
- No fer res.
- Protegir-se del fred.

Fer uns ulls com unes taronges.

- Tindre els ulls rojos.
- Adormir-se de sobte.
- Obrir molt els ulls d'admiració.

Relacione amb la lectura

3 Copia el significat correcte d'aquesta frase feta de la lectura.

El viatge **va quedar en no-res**.

a) Va eixir molt barat.

b) No es va fer.

c) Es va ajornar.

Textos de la vida quotidiana

1 Llig aquests textos i respon les preguntes.

- On està Joan?
- Com podran pujar els veïns a casa, a peu o en ascensor? Per què?
- Fins a quina hora es pot anar a tallar-se els cabells?

Cada dia llegim o escrivim textos molt diversos: breus o llargs, formals o informals. Cada text té una forma diferent segons la seua finalitat.

2 Para atenció i pren nota de cinc textos diferents que trobes en el camí de casa a l'escola.

TALLER D'EXPRESSIÓ

1 Copia i completa aquesta nota.

Pare,

La mestra / el mestre .... *ha demanat que portem ceres de colors.*
Nom del mestre o de la mestra

Les necessite per dilluns que ve!

....
Posa el teu nom

Cançons populars

La cultura popular ens ha llegat moltes cançons tradicionals que tenen usos variats: per a comptar, per a adormir els infants, per a celebrar una festa, de treball, d'amor, etc.

1 Relaciona cada cançó amb la funció que té.

Cançó de Pasqua | Cançó de bressol | Cançó de comptar

A

El meu xiquet té soneta,
sa mare l'adormirà
cantant-li una cançoneta
per a hui, per a demà.

B

Uni, dori,
teri, quateri,
mata la veri,
viri, virom,
compta bé
que dotze hi són.

C

Un dia de Pasqua
un xiquet plorava
perquè catxerulo
no se li envolava.
La tarara sí, la tarara no,
la tarara, mare, que la balle jo.

2 Quines paraules rimen en cada cançó?

TALLER LITERARI

1 Completa les cançons següents amb aquestes paraules. Fixa't en la rima.

jardí – s'adormirà – quatre – bé – coixí

Quatre pedres hi ha al carr**er**
jo les sé comptar molt …,
del color del xocol**ate**:
una, dos, tres i … .

Pastorets i pastoretes,
on aneu tan de ma**tí**?
A llavar-nos les lleganyes
a la bassa del … .

Son, soneta, vine a**cí**
a la vora del … .
Quan la soneta vindrà
el meu xic … .

TASCA

COMPETÈNCIES

Els paratges naturals

A més de la cultura popular, una altra senya d'identitat del poble valencià són els seus paratges que s'han de conéixer per a estimar-los.

1 Informa't i relaciona les imatges amb el nom del lloc que representen.

1

2

3

4

Parc natural del Penyagolosa

Palmerar d'Elx

Parc natural de l'Albufera

Reserva marina de l'illa de Tabarca

A

Ànecs entre els canyars

B

Praderes de posidònia

C

Ginebres i pinars

D

Dàtils i artesania

2 Informa't d'altres parcs i espais naturals de la nostra comunitat. Copia'n els noms i la comarca en què es troben.

3 Penses que és important tindre cura d'aquests paratges naturals? Per què?

REPÀS DE LA UNITAT

RESUMISC

Copia i completa aquest resum en el quadern.

Gramàtica

- En una oració, el subjecte és qui fa l'acció verbal, és de qui parlem. L'acció que fa el subjecte, allò que en diem, és el … .

Ortografia

- Per a representar el so de la **x** de *xiquet* s'escriu:
  - … a principi de paraula i darrere de consonant.
  - **tx** entre … i a final de paraula.
  - **ig** només a … de paraula.
- La **x** sona com en *cuixa* darrere de la vocal … .

Vocabulari

- Una frase … és una expressió habitual d'una llengua que té un sentit figurat.

Expressió oral i escrita

- Cada dia llegim o escrivim … molt diversos: breus o llargs, formals o informals. Cada text té una forma diferent segons la seua … .

Literatura

- La cultura … ens ha llegat moltes … tradicionals que tenen usos variats: per a comptar, per a adormir els infants, per a celebrar una festa, de treball, d'amor, etc.

1 Subratlla amb blau el subjecte i amb roig el predicat d'aquestes oracions.

- Nosaltres anem al parc a jugar.
- Aquell avió vola molt alt.
- Ta mare i tu teniu la mateixa cara.
- La fornera ha preparat aquesta coca de ceba.
- El frigorífic s'ha espatlat.

2 Completa les oracions escrivint un subjecte o un predicat, segons correspon.

- Els gossos …
- … van telefonar-me ahir.
- Els tres amics…
- … esperava l'autobús.
- Els boscos …

3 Ompli els buits de les paraules amb **x** o **tx**.

clò…ines	an…oves
du…a	ar…iu
…ocar	mo…illa

4 Usa les paraules anteriors que porten tx per a completar les oracions.

– On has comprat aquesta … tan bonica?
– M'agraden les … al vapor.
– L'aigua de la … ix molt freda.

5 Classifica aquestes paraules com s'indica.

caixa – despatx – xinxeta – dibuix – reixa
xalet – tatxa – fluix

Tenen el so de la x de *xiquet*	Tenen el so de la x de *cuixa*

6 Relaciona cada frase feta amb el significat que té.

a) Anar de vint-i-un botons.
b) Tirar-se la manta al coll.
c) Ser carn i ungla.

1. Ser inseparables.
2. Anar molt elegant.
3. Despreocupar-se.

7 Completa les oracions amb les frases fetes de l'activitat anterior.

– Joan i Pere sempre estan junts, …
– Pere té l'habitació molt desordenada perquè … .
– Per a la festa d'aniversari dels iaios Maria … .

8 Escriu una nota per avisar els pares que t'han de comprar un quadern quadriculat. El necessites per demà.

RACÓ LITERARI

9 Llig aquesta cançó popular. Si la saps també la pots cantar.

59 **La Panderola**

De Castelló a Almassora
xim pum tracatrac.
De Castelló a Almassora
xim pum tracatrac,
va un tren que vola, leré,
va un tren que vola, leré,
va un tren que vola,
leré, leré, leré, leré,
va un tren que vola,
leré, leré.

10 Busca informació sobre la Panderola, un tren que unia el grau de Castelló i Onda i que feia parada a Almassora, i respon:

- Quan va començar a funcionar?
- On es troba exposada actualment?

AVANCE

11 Identifica el subjecte d'aquestes oracions.

– Ha arribat Marta?
– Vindrà ma tia a les set de la vesprada.
– En vacances, la família anirem de càmping.

60 **DICTAT:** Llig i escolta el text. Després, escriu-lo al dictat.

Aquest matí ha caigut un bon ruixat. A classe, sentíem el xip-xap de l'aigua al pati. Quan hem eixit a migdia, a la porta d'escola hi havia un bassal molt gran i alguns xiquets han jugat a xafar l'aigua i han acabat xopats. Si haguéreu vist l'enuig que han agafat alguns iaios!

15 Poemes al jardí

Prepare la lectura

Ja ha començat la calor, l'estiu ja està molt a la vora, els dies són llargs i fa goig estar-se al carrer jugant. Els jardins i els parcs estan plens de bestioles i podem passar-nos hores observant com viuen: és tot un món diminut, diminut.

La sargantana

Cada dia de matí,
aprofitant la solana,
passeja una sargantana
pel caminet del jardí.

Duu un vestit a coloraines
fet a mida i tot cenyit,
que ni el modista de Piles
en fa de tan ben cosits.

Mirant a un costat i a un altre
s'enfila pel mur més alt
per descansar una estona
prop del sol i lluny del gat.

I arribada dalt del mur
la sargantana somia
que també el món, al voltant,
és fet a la seua mida.

solana: lloc exposat al sol.

coloraina: barreja de colors vius.

El caragol

A un menjaret de per riure,
que els xiquets han preparat,
ha arribat un caragol
sense haver-lo convidat.

Descaradament passeja
per damunt de tots els plats
i un a un, fent-se l'entés,
tots els ha d'examinar...

Al primer plat, una sopa
de fina arena de mar
amb petxines sense molla,
li ha posat un aprovat.

Al segon plat, un notable,
per ser truita de verdet
amb grava de la calçada
i fulletes de llorer.

Trau les banyes encarant-les
en senyal d'aprovació
en veure que per les postres
hi ha corfetes de meló.

I content amb la fortuna
d'un convit inesperat,
mastega amb la boca oberta
l'herba del centre floral.

Irene Verdú. *Poemes al jardí*. Ed. Bullent.

truita: ous batuts fregits, sols o acompanyats per altres menjars.

verdet: capa de color verd que formen les algues i altres plantes sense flors en llocs humits.

Comprenc la lectura

Després d'escoltar o de llegir el text, posa't a prova!

PREGUNTES EXPRÉS

1 Quan passeja la sargantana?

a) A poqueta nit.

b) Quan toquen les sis.

c) Cada dia de matí.

2 De quin animal fuig la sargantana?

a) Del caragol.

b) Del gat.

c) D'una altra sargantana.

3 Què vol dir «un menjaret de per riure»?

a) Un menjar que fa pessigolles al nas.

b) Un menjar de mentides, per jugar.

c) Un menjar de festa.

4 Què hi ha de segon plat?

a) Una truita de verdet.

b) Una truita amb suquet.

c) Una fruita i un dolcet.

Contesta oralment

1 Per on passeja la sargantana?

2 On s'enfila per descansar?

3 Quin plat agrada més al caragol?

4 Quin senyal d'aprovació fa per a demostrar-ho?

Contesta per escrit

5 La sargantana preferix el sol o l'ombra?

6 Com va vestida la sargantana?

7 Escriu en el quadern el menú que han preparat els xiquets.

8 Creus que el caragol queda satisfet amb aquest menú? Raona-ho amb algun vers del poema.

Reflexiona

9 Els xiquets poden menjar-se el menú que han preparat? Raona per què.

Relaciona amb el teu món

10 Descriu les diferències que trobes en cada parella d'animals.

Treballa amb les paraules de la lectura: animalons i bestioles

A més de caragols i sargantanes podem trobar molts més animals menudets als parcs i jardins. De segur que els has vist alguna vegada.

11 Ordena les lletres i escriu el nom de cada animal.

batcaraes

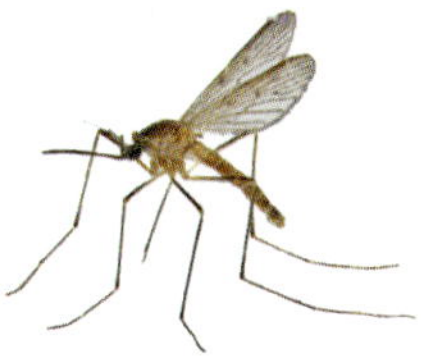
quitmos

guesmifor

egaru

llopanapa

lubèl·lali

camos

ucc

12 Copia i completa els poemes amb alguns dels noms anteriors.

A

La natura,
diligent, ens procura
una bèstia
per a cada molèstia.
Si a les fosques
ja no piquen les …,
hi ha els …,
que treballen de nit.

Joan Oliver

B

La …, tan àgil,
xucla el nèctar de les flors;
és pintada amb vius colors
però tota ella és molt fràgil.

Popular

C

L'…, malcarat,
com s'amaga, com s'amaga,
l'…, malcarat,
com s'amaga al seu forat.

F. Bofill, A. Puig i F. Serrat

La comunicació

1 Observa les situacions i respon les preguntes.

- Què vol dir l'àrbitre al jugador?
- En quina situació usen paraules per a comunicar-se?
- En les dues situacions es comunica alguna cosa?

Quan ens comuniquem amb paraules utilitzem la **comunicació verbal**. La comunicació verbal pot ser **oral** (quan parlem) o **escrita**.

Quan ens comuniquem mitjançant símbols, gestos, dibuixos, objectes o sons fem servir la **comunicació no verbal**.

2 Digues en cada cas si s'usa la comunicació verbal o la no verbal. Explica-ho.

- Alces la mà per a demanar la paraula a la mestra.
- Escrius un correu electrònic.
- Parles per telèfon amb la teua iaia.
- La mare para el cotxe davant el semàfor roig.
- Veus una milotxa i vols que els teus companys també la miren. V
- Lliges un còmic.
- Passa un camió de bombers fent sonar la sirena. N

Els elements de la comunicació

En tot acte de comunicació hi ha tres elements:

- **emissor**: qui transmet el missatge.
- **receptor**: el destinatari del missatge.
- **missatge**: allò que comunica l'emissor.

3 Copia la graella en el quadern i completa-la d'acord amb cada situació.

a) Un tigre diu a un cérvol: «Et menjaré...!».

b) Dius a la teua mare: «M'ajudes a fer els deures?».

c) Hi ha una pancarta que diu: «Més ciment, no!».

d) La mare està parada davant del semàfor i aquest es posa en verd.

e) El teu pare et canta una cançó.

Emissor	Receptor	Missatge
El tigre	...	...

4 Indica quin és el missatge en cada cas.

JUGUE AMB LA LLENGUA

1 Inventa un missatge que vulgues transmetre als teus companys i companyes fent servir només gestos. Per torns, situeu-vos davant seu a veure si els endevinen. Ací tens uns quants exemples.

- Calleu, per favor, i escolteu.
- No vull més caramels; em fa mal la panxa.
- Estàs boig!

Els dígrafs

1 Llig la paraula poema i fixa't que cada lletra representa un so.

p – o – e – m – a

- Ara, llig la paraula **missatge**.

m – i – ss – a – tg – e

- Quants sons representen els grups de lletres **ss** i **tg**?

Un **dígraf** és un grup de lletres que representa un únic so. Són dígrafs **ss**, **tg**, **ny**, **l·l**, **qu**, **rr**, **gu**, **ll**, etc.

2 Copia les paraules que tenen els dígrafs destacats, llig-les i comprova que, efectivament, cada un representa només un so.

Vora ca**rr**etera hi ha una fi**gu**era molt ve**ll**a. Un dia vam co**ll**ir unaciste**ll**a plena de fi**gu**es i la vam dur al co**l·l**egi per a convidar la cla**ss**e a l'hora de l'esmorzar. Ens **qu**edàrem molt desi**l·l**usionats per**qu**è dè**ss**et xi**qu**ets i xi**qu**etes no en vol**gu**eren. Una compa**ny**a ens va dir **qu**e es pensava **qu**e les tiretes blan**qu**es que hi ha dins de les fi**gu**es eren cucs!

3 Ordena les síl·labes i escriu el nom del que representa cada imatge.

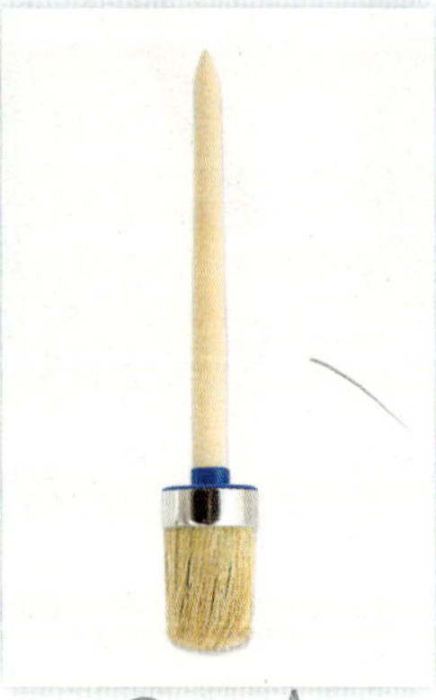

xa | brot

nyo | ma | pla

set | gos

que | for | ta

llets | bit

- Quins dígrafs s'han separat en síl·labes diferents? tx tll ss
- Quins no s'han separat? ny y que

Els dígrafs **gu**, **qu**, **ll**, **ny** i **ig** no es partixen en diferents síl·labes.
La resta de dígrafs (**l·l**, **rr**, **ss**, **tx**, **tg**, **tj**, etc.) sí que es partixen.

4 Copia les paraules i separa'n les síl·labes amb guionets.

Relacione amb la lectura

5 Separa les síl·labes d'aquestes paraules amb dígraf que apareixen en el poema «El caragol» de l'inici de la unitat.

xiquets – arribat passeja – petxines – fulletes
llorer – banyes – senyal

TALLER DEL DICTAT

Abans del dictat

1 Llig el text atentament.

Ferran, el iaio de **Meritxell**, col·lecciona **roques** des que era un **xiquet**. Sovint ix a **passejar** a la **muntanya** i **n'arreplega** tantes que en torna **carregat** com una mula. Ens va **ensenyar** unes que **brillaven** amb colors diferents segons com hi donava la **llum**.

62 Dictat

2 Escolta amb atenció el text.

3 Escriu el dictat en el quadern.

Després del dictat

4 Separa amb guionets les síl·labes de les paraules destacades del dictat. Tin en compte si els dígrafs que contenen es partixen o no.

Tecnicismes

1 Relaciona cada dibuix amb el nom corresponent.

maquinari
tauleta tàctil
llibre electrònic

bastida
plana
paleta

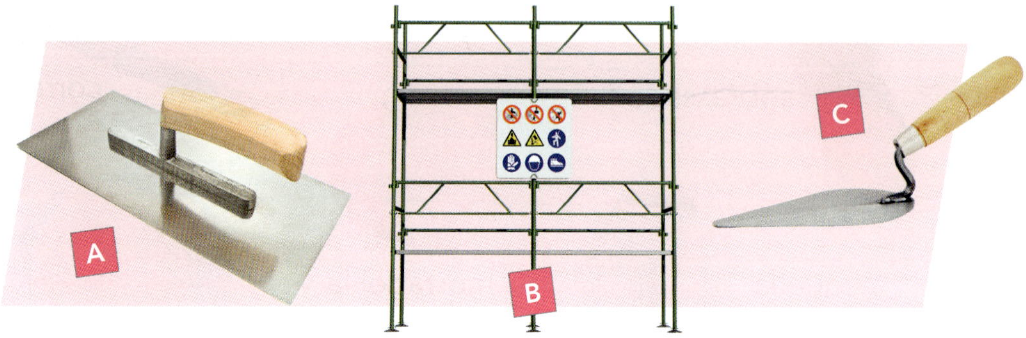

nombre capicua
nombre parell
multiplicació

2 Classifica les paraules anteriors segons el camp semàntic a què pertanyen.

Tecnologia	Matemàtiques	Construcció

Els **tecnicismes** són les paraules pròpies d'una ciència, un art, un ofici o una indústria.

3 Afig un tecnicisme més a cada un dels grups anteriors.

Formes de comunicació actual

1 Relaciona cada abreviació amb el seu significat i reescriu en el quadern el missatge de text sense usar-ne cap.

x	bé
xfa	besets
xq	per favor
b7s	perquè
b	per

2 Observa aquest correu electrònic i respon les preguntes.

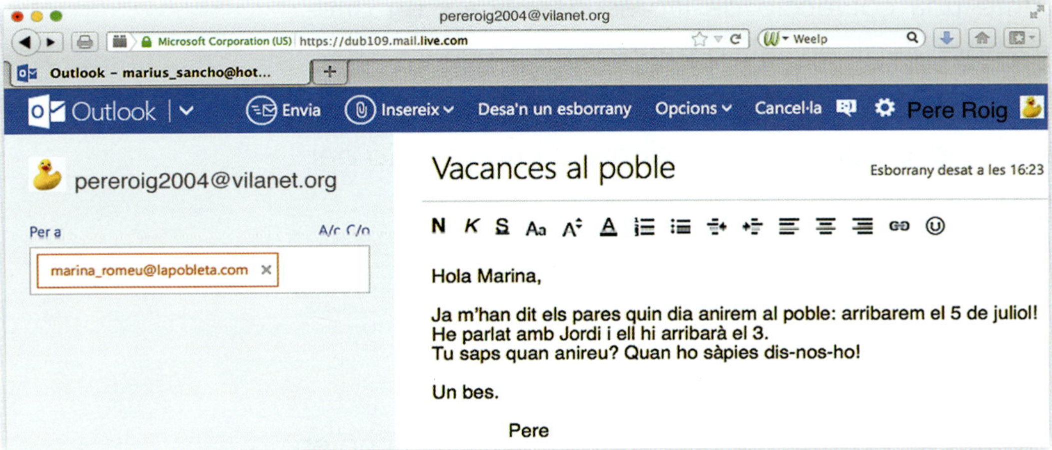
pereroig2004@vilanet.org

Outlook – marius_sancho@hot...

Outlook | Envia | Insereix | Desa'n un esborrany | Opcions | Cancel·la | Pere Roig

pereroig2004@vilanet.org

Per a A/c C/o

marina_romeu@lapobleta.com

Vacances al poble

Esborrany desat a les 16:23

Hola Marina,

Ja m'han dit els pares quin dia anirem al poble: arribarem el 5 de juliol!
He parlat amb Jordi i ell hi arribarà el 3.
Tu saps quan anireu? Quan ho sàpies dis-nos-ho!

Un bes.

Pere

- Qui escriu el correu? Quina adreça electrònica té?
- A quina adreça electrònica escriu? De qui és aquesta adreça?
- Quin és el tema del correu?

Els **missatges de text** han de ser tan curts com siga possible, per això s'hi posen moltes abreviacions però mai faltes d'ortografia.

L'estructura d'un **correu electrònic** és com la de la carta.

TALLER D'EXPRESSIÓ

1 Entre tota la classe fareu un recull d'acudits amb l'ajuda del correu electrònic. Seguiu aquests passos.

a) El primer o la primera de la llista de classe escriu un acudit i l'envia per correu electrònic al segon.

b) El segon n'escriu un altre i l'envia al tercer, i així successivament.

c) Quan l'últim de la llista reba tots els acudits, els llegiu a classe.

La biblioteca

1 Llegiu les preguntes i comenteu-les en grup.

- Al vostre poble o al vostre barri hi ha una biblioteca? Hi heu anat alguna vegada?
- Heu utilitzat la biblioteca del centre? I la biblioteca d'aula?
- Quin és l'últim llibre de la biblioteca que heu llegit?

Una biblioteca conté una col·lecció de llibres classificats en diferents seccions. Es poden llegir en sala o traure'ls en préstec.

Una gran part dels llibres són de **literatura**, però també hi ha **llibres de consulta**, com enciclopèdies i diccionaris, i una secció per a **premsa** on hi ha diaris i revistes.

Algunes biblioteques tenen ordinadors i connexió a Internet.

2 Assabenta't de l'horari de la biblioteca del centre i visita-la. Si no en tens el carnet, esbrina què necessites per a fer-te'l.

3 Observa les portades i classifica-les.

Consulta	Premsa	Literatura

A

B

C

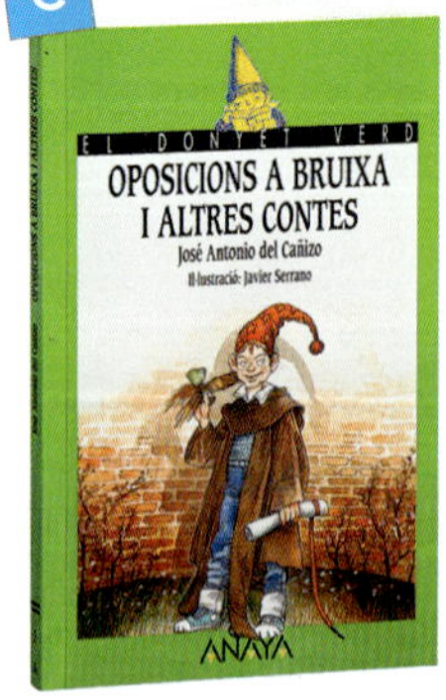

D

E

Relacione amb la lectura

4 A la biblioteca, en quina de les seccions anteriors trobaríem el llibre al qual pertany la lectura inicial?

TASCA

Escric amb l'ordinador

Saber la col·locació dels dits en el teclat de l'ordinador ajuda a escriure més ràpidament.

Fixa't que les tecles **f** i **j** tenen una protuberància menudeta: això et permet identificar-les sense mirar al teclat. L'espai blanc s'escriu amb els dits polzes i cada lletra s'escriu amb un dit diferent com indica aquest esquema:

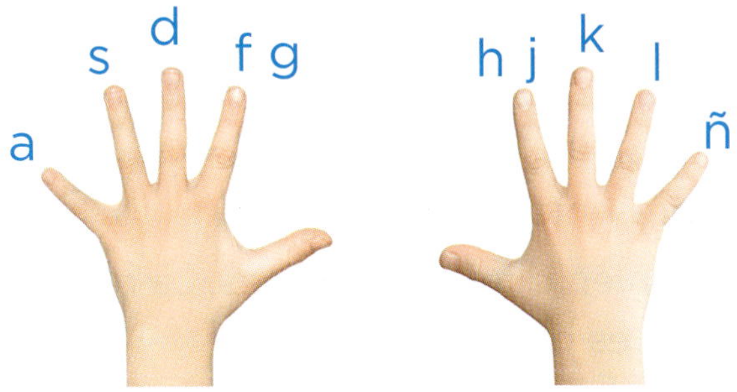

1 Respon les preguntes.

- Amb quins dits es teclegen les lletres **e**, **f**, **u**, **d**, **i**, **m**, **z** i **p**?
  - ▸ Exemple. La **e** s'escriu amb el dit del mig esquerre.
- Observa el teclat i digues quines tecles has de prémer per a escriure les lletres **A**, **R**, **Ç**, **V**. I per a escriure **ï**, **à**, **ü** i **è**?
  - ▸ Exemple. La **A** s'escriu prement la tecla de majúscules i la *a*.

2 Practica la col·locació dels dits en un teclat com el que apareix més avall. Juga a escriure en aquest teclat les lletres següents. Vés alerta a fer servir el dit adequat en cada cas.

qwert	ñlkjh	asdfg	zxcvb	poiuy
qppq	fjjffjjf	fjghfjgh	mvjfur	nbhgyt

REPÀS DE LA UNITAT

RESUMISC

Copia i completa aquest resum en el quadern.

Gramàtica

- En la comunicació verbal usem … . La comunicació verbal por ser … .
- Quan ens comuniquem mitjançant símbols, gestos, dibuixos, objectes o sons fem servir la comunicació … .
- En tot acte de comunicació hi ha tres elements: … .

Ortografia

- Un … és un grup de lletres que representa un únic so.
- Els … *gu, qu, ll, ny* i *ig* no es partixen en diferents síl·labes. La resta de dígrafs (*l·l, rr, ss, tx, tg* i *tj*, etc.) sí que es partixen.

Vocabulari

- Els … són les paraules pròpies d'una ciència, un art, un ofici o una indústria.

Expressió oral i escrita

- Els missatges de text han de ser … , per això s'hi posen moltes … .
- L'estructura d'un correu electrònic és com la de la … .

Literatura

- Una … conté una col·lecció de llibres classificats en diferents seccions. Es poden llegir en sala o traure'ls en … .
- Una gran part dels llibres de la biblioteca són de …, però també hi ha llibres de …, i una secció per a … on hi ha diaris i revistes.
- Algunes biblioteques tenen ordinadors i connexió a … .

1 Classifica aquestes situacions com s'indica.

– El semàfor es posa roig per als vianants.

– Escric una carta als iaios.

– Telefone per a demanar hora al centre de salut.

– La meua amiga Eva em fa l'ullet.

Comunicació verbal		Comunicació no verbal
Comunicació oral	Comunicació escrita	

- Digues quins són l'emissor, el receptor i el missatge en les situacions anteriors.

2 Feu un senyal per a cada un d'aquests missatges.

- Prohibit fer soroll.
- No xafeu la gespa del jardí.
- No llanceu fem a terra.
- Prohibit jugar amb la pilota.

3 Separa les síl·labes d'aquestes paraules amb dígraf.

tranquil·litzar	duquessa
àguila	macarrons
butxaca	senyor
tretze	massatge
pessigolles	carrossa
maquillatge	mol·lusc

4 Relaciona cada tecnicisme de la cuina amb la definició corresponent.

mànega – caramel·litzar – suflé – farcir

- Menjar que es fa amb clares d'ou batudes i altres ingredients i que es cou al forn fins que queda ben esponjós.
- Utensili de tela o de plàstic, de forma cònica i acabat en una embocadura, que s'empra en pastisseria.
- Omplir un aliment amb un altre.
- Revestir de caramel.

5 Feu parelles i, per correu electrònic, conteu al company o a la companyia els plans que teniu per a l'estiu. Després, contesteu el correu que heu rebut.

RACÓ LITERARI

6 Llig el poema «L'estiu» de Marc Granell i completa'l amb les paraules nociu, viu, estiu i riu.

63

En estiu
tot cuc ... .
El cuc gran
i el xiquiu.
El cuc bo
i el ... .
El cuc trist
i el que ... .
Qui ho diu?
Qui açò escriu.
Que en ...
tot cuc viu.

AVANCE

7 Quina partició a final de línia és incorrecta en aquests noms de poblacions valencianes?

Va-lència	Valèn-cia	Valènci-a
Mut-xamel	Mutxa-mel	Mu-txamel
Mo-rella	More-lla	Morel-la
Almas-sora	Almasso-ra	Alma-ssora
Benipa-rrell	Beni-parrell	Benipar-rell

64 **DICTAT:** Llig i escolta el text. Després, escriu-lo al dictat.

L'altra vesprada, mentre estàvem prenent un suc en la terrassa del bar de la plaça, vérem passar una àguila que es dirigia cap a la serra. Guillem, l'encarregat del magatzem de la fruita, digué que en les penyes més altes del cim niaven algunes rapinyaires.

Repàs trimestral

Gramàtica

1 Llig aquest text i fes les activitats indicades.

Al costat de casa està el parc de l'Almàssera. Mentre feia fred i el dia durava poc, el parc estava pràcticament buit, perquè els xiquets no hi anàvem. Però amb el bon oratge, els dies allarguen més i molts companys i companyes del col·legi hi anem a berenar després de les classes. El parc s'ompli de xiquets i xiquetes. Demà serà divendres i ens quedarem fins tard!

- Copia la graella i classifica-hi els verbs del text.

Verbs en present	Verbs en passat	Verbs en futur

- Copia amb colors diferents el subjecte i el predicat d'aquesta oració.
  – El parc s'ompli de xiquets i xiquetes.
- Copia el subjecte d'aquest predicat: hi anem a berenar després de les classes.
- Per quin pronom es pot substituir el subjecte que has copiat?

Ortografia

2 Completa les paraules seguint el codi.

(vermell) → s o ss (verd) → c o ç

tro...o... profe...or ...ilen...i
...o...ietat audà...ia feli...
can...ó ...abata for...ut

3 Copia les paraules de la llista amb essa sonora.

ase – rabosot – salsa – setrill – rosa
onze – pinzell – ensalada

4 Completa les paraules seguint el codi.

(vermell) → j o g (verd) → tj o tg

boti...a ...u...e bo...a
ti...a lle...os boti...es
...u...at ...ersei pla...es

5 Copia la graella i classifica-hi les paraules.

despatxar esqueix bateig
enguixar xurreria motxilla
cartutxos maduixa passeig
arruixar dibuixar peixera

Tenen el so de la x de *xiquet*	Tenen el so de la x de *cuixa*

6 Separa les síl·labes d'aquestes paraules amb dígraf.

muntanya cristalleria migdia
borrissol missatgeria col·lega
carruatge Puigcerdà esquena
libèl·lula marroquina cavaller
rellotgeria malaguenya foguera

Vocabulari

7 Forma paraules compostes.

escura	taps
lleva	mines
porta	veu
alta	dents

8 Relaciona les columnes i forma paraules compostes amb guionet.

pica	roig
pèl	xocs
para	americà
sud	soques

9 Separa aquestes paraules en dos camps semàntics.

taxista – camió – conductor camioner
tren – avió – pilot – taxi

10 Quins tres tecnicismes d'aquests estan relacionats amb la música?

àrbitre – corxera – pentagrama
falta – batuta – penal

Expressió

11 Llig la nota i respon.

> Mare, no t'oblides de comprar pastissets i flams de xocolate! No vull una altra vegada fruita de postres, perquè no m'agrada.
>
> Jordi

- Qui l'ha escrita?
- On creus que la deu haver deixada?
- Què opines de la petició de Jordi que preferix menjar dolços en lloc de fruita? Raona la resposta.

Literatura

12 Completa el poema amb paraules que rimen amb les destacades.

Vespre

A ponent, el sol
només ha deixat
una ratlla lila.
Per l'altre … (*cantó, lloc, costat*)
sota un vel … (*blau, morat, roig*)
la foscor s'… . (*enfila, amaga, ofega*)

Joana Raspall

Apèndix

Regles ortogràfiques:

Hem arreplegat les regles ortogràfiques que apareixen al llarg del llibre perquè pugues repassar-les o perquè les tingues a mà si les necessites.

Síl·laba tònica i síl·laba àtona: La síl·laba que es pronuncia amb més força en una paraula és la **síl·laba tònica**. Les altres són les **síl·labes àtones**.

El punt i la majúscula: S'escriu **punt** (.) al final de cada oració. Indica que cal fer una pausa en la lectura.

S'escriu **majúscula** a l'inici d'un text i després de punt.

S'escriuen en majúscula els **noms propis** de persona (*Carles*), de lloc (*Alacant*), o d'animals (*Taquetes*).

La coma: S'escriu **coma** per a separar el **nom** amb què ens dirigim a algú, d'allò que li diem: *Mare, què són aquestes plantes?*

També s'usa per a separar els elements d'una **enumeració**: *Allà hi ha bambús, orquídies, lianes i palmeres.*

El guió en els diàlegs: En un diàleg, s'escriu un **guió** (—) davant de cada intervenció d'un personatge.

Signe d'interrogació i d'admiració: Al final d'una oració podem trobar escrits altres signes a més del punt:

- El signe d'**interrogació** (**?**) indica que es fa una pregunta.
- El signe d'**admiració** (**!**) indica que s'expressa alegria, sorpresa, dolor, una ordre, etc. o que es parla amb un to elevat de veu.

Ús de *c*, *qu*, *g* i *gu*: Per a representar el so de la **c** de *cuc* escrivim **c** davant de **a**, **o**, **u**; i **qu** davant de **e**, **i**.

Per a representar el so de la **g** de *gat* escrivim **g** davant de **a**, **o**, **u**; i **gu** davant de **e**, **i**.

La dièresi: La **dièresi** dels grups **qüe**, **qüi**, **güe**, **güi** indica que sona la **u**.

Hi ha altres paraules amb dièresi com *ensaïmada, peüc, raïm, creïlles* o *veïna*.

La lletra *b*: Escrivim **b** davant de **l** (*blanc*) i de **r** (*branques*); i darrere de **m** (*ambient*).

A banda, moltes altres paraules porten també **b** (*bajoca, dissabte*).

La lletra *v*: Escrivim **v**:

- darrere de **n** (*inventora*).
- en les formes verbals acabades en **-ava** (*desmuntava*).
- en algunes formes del passat del verb **haver** (*havia*).

A més, moltes altres paraules porten també **v** (*Vicent, veïna*).

L'apostrofació: Quan els articles **el**, **la** i la preposició **de** van davant d'una paraula que comença per **vocal** o **h** s'apostrofen i s'escriuen **l'** o **d'**.

Cal tindre en compte que l'article **la** no s'apostrofa si la paraula següent comença per **i**, **hi**, **u**, hu àtones: *la il·lusió, la humitat.*

La *r* i la *rr*: El so de **r suau** es representa amb una **r**: *vora, costera.*

El so de **r forta** es representa:

- amb **r** a principi de paraula i darrere de **n**, **l** o **s**: *riu, Enric.*
- amb **rr** entre vocals: *torre.*

Ús de *l*, *ll* i *l·l*: La **ela** (l) i la **ela doble** (ll) s'escriuen en qualsevol posició en una paraula: *telescopi, lent, llargues, ull.*

La **ela geminada** (l·l) consta de dues eles amb un punt volat al mig i s'escriu sempre entre vocals: *satèl·lits, il·lusió.*

El guionet: S'escriu guionet en els **numerals**:

- Per a separar les desenes de les unitats: *huitanta-huit.*
- Per a separar les unitats de les centenes: *huit-cents.*

La desena del vint porta dos guionets: *vint-i-cinc.*

El guionet també s'usa per a tallar una paraula que no cap sencera **a final de línia**. Quan tallem una paraula a final de línia no podem partir una síl·laba ni deixar una vocal sola.

Les paraules compostes porten guionet:

- Si la segona comença per **r**, **s** o **x** (*espantasogres, busca-raons, cara-xuplat*).
- Si conté un punt cardinal (*nord-est, sud-americà*).

La essa sorda: Per a representar el so de la **essa sorda** escrivim:

- **s** en qualsevol posició excepte entre vocals: *serp, mosca.*
- **ss** només entre vocals: *mussol.*
- **c** davant de **e** o de **i**: *cérvol, cigonya.*
- **ç** davant de **a**, **o**, **u** i a final de paraula: *eriçó.*

La essa sonora: Per a representar el so de la **essa sonora** escrivim:

- **s** sols entre vocals: *roser.*
- **z** a principi de paraula i darrere de consonant: *pinzell.*

Ús de *g*, *j*, *tg* i *tj*: Per a representar el so de la **j** de *jardí*:

- Escrivim **j** o **tj** davant de les vocals **a**, **o**, **u** (*jaqueta, dijous, juny; platja*).
- Escrivim **g** o **tg** davant de les vocals **e**, **i** (*girafa, gel; formatge*).

Tin em compte que **tj** i **tg** només poden aparéixer entre vocals.

Algunes paraules s'escriuen amb **j** davant de **e**.

Els sons de la *e* i de la *o*: La **e** tònica pot sonar oberta com en *mel* o tancada com en *dent.*

La **o** tònica pot sonar oberta com en *font* o tancada com en *gos.*

Els sons de la *x*: Per a representar el so de la **x** de *xiquet* s'escriu:

- **x** a principi de paraula i darrere de consonant (*xiulet, anxoves*).
- **tx** entre vocals i a final de paraula (*cotxe, sandvitx*).
- **ig** només a final de paraula (*roig*).

La **x** sona com en *cuixa* darrere de la vocal **i** (*peix, cuixa*).

Els dígrafs: Un **dígraf** és un grup de lletres que representa un únic so. Són dígrafs **ss**, **tg**, **ny**, **l·l**, **qu**, **rr**, **gu**, **ll**, etc.

Els dígrafs **gu**, **qu**, **ll**, **ny** i **ig** no es partixen en diferents síl·labes.

La resta de dígrafs (**l·l**, **rr**, **ss**, **tx**, **tg**, **tj**, etc.) sí que es partixen.

APRENDRE ÉS CRÉIXER és un projecte educatiu d'Anaya Educació per al tercer curs d'Educació Primària.

En la realització d'aquest llibre han intervingut:

Autors:
Josep Cañada, Maria Costa i Teresa Vicedo

Il·lustracions:
Sergio Montal

Coordinación editorial:
Roser Estruch

Maquetació:
Carmina Izquierdo

Edició:
Màrius Sancho

Correcció:
Paula Soriano

Disseny de coberta i d'interiors:
Miguel Ángel Pacheco i Javier Serrano

Edició gràfica:
José M. Marcelino

Tractament infogràfic del disseny:
Patricia Gómez

Fotografies:
Arxiu Anaya (Moreno, C.; Candel, C.; Canto, M.; Cosano, P.; Cruz, M.; Martín, J.A.; Lezama, D.; Marín, E.; Muñoz, J.C.; Ortega, Á.; Padura, S.; Quintas, D.; Rico, J.J.; Sanz, C.; Steel, M.; Velasco, P. - Fototeca de España; Rivera Jove, V.; Ruiz, J.B.; Zuazo, H.A.; Zurdo, F.)

Agencia Efe.

Les nostres publicacions mantenen el rigor en l'ús i en la selecció dels continguts, en les imatges i en el llenguatge per a acomplir amb la **no-discriminació** per raó de gènere, cultura o opinió.

IMPORTANT. Les activitats proposades en aquest llibre s'han de fer en els quaderns o fulls solts, **mai en el mateix llibre.**

ISBN: 978-84-678-4875-5 - Dipòsit Legal: M-4906-2014 - Printed in Spain.

ET019176/1E3I - 8381960